U0899140

自由经济学

为什么管制房价害死了猫

〔美〕约翰·洛特(John R. Lott)　著
刘寅龙　译
郑　磊　审校

廣東省出版集團
广东经济出版社

图书在版编目(CIP)数据

自由经济学 / (美) 洛特 (Lott,J.R.) 著；刘寅龙译 . – 广州 ： 广东经济出版社，2010.8
ISBN 978-7-5454-0577-4

Ⅰ. ①自… Ⅱ. ①洛… ②刘… Ⅲ. ①自由主义(经济学) –研究 Ⅳ. ① F091.33

中国版本图书馆 CIP 数据核字 (2010) 第 155077 号

版权登记号 图字：19-2007-050 号
Freedomnomics: Why the Free Market Works and Other Half-Baked Theories Don't

出版发行	广东经济出版社(广州市环市东路水荫路 11 号 11–12 楼)
经销	广东新华发行集团
印刷	深圳市鹰达印刷包装有限公司
开本	787 毫米 ×1092 毫米 1/16
印张	13.5 印张
字数	194 千字
版次	2010 年 9 月第 1 版
印次	2010 年 9 月第 1 次
书号	ISBN 978-7-5454-0577-4
定价	29.80 元

如发现印装质量问题，影响阅读，请与承印厂联系调换。
发行部地址：广州市环市东路水荫路 11 号 11 楼
电话：(020)83780718　83790316　邮政编码：510075
邮购地址：广州市环市东路水荫路 11 号 11 楼直销部
电话：(020)37601950　37601509　邮政编码：510075
图书网站：http://www.gebook.com

广东经济出版社常年法律顾问：屠朝锋律师、刘红丽律师

献给米尔顿·弗里德曼 (Milton Friedman)

他不仅是历史上最伟大的经济学家，更是一位无畏的英雄，一位在孤独中为自由而奋斗，但脸上却永远挂着微笑和热忱的斗士。他让很多人认识到，自由是怎样让我们变得更幸福的。

专家推荐

郑　磊　博士
青年经济学者、资深战略与资本市场专家
招银国际金融有限公司投资银行高级副总裁

市场与政府：我们如何选择

西方经济学界曾经认为，纯粹的市场将会调节一切经济因素，任何非市场的干预都被证明是不必要或者适得其反的。如果仅仅从理论研究的角度看，西方经济学关于市场的结论近乎完美。然而，现在，无论是欧美学界还是发展中国家的经济学者，都已经认识到，现实世界还远远没有具备那些简单而理想化的假设条件，过度简化和抽象的经济学理论模型虽然能够帮助我们认识一些政治经济和社会现象的本质，但无法给出可行的对策建议。

美国芝加哥大学曾经是市场经济理论的重镇，其学派带有原教旨主义色彩，这些年开始悄然转向，出现了加里·贝克尔这样的主张“经济学帝国主义”的经济学家，被炒得火热的畅销经济学著作《魔鬼经济学》、《超爆魔鬼经济学》的年轻学者史蒂芬·列维特被聘为该校教授。与此同时，仍有弗里德曼的忠实信徒，如本书的作者约翰·洛特博士，坚持原芝加哥学派的理论观点。在这本书里，洛特对列维特在《魔鬼经济学》提出的诸多观点表示不以为然，并针锋相对地提出了相反的意见和分析。

作为本书的专业审校人，我并不完全赞同作者的分析。如果您在阅读过程中，觉得作者的某些观点偏激或者武断，那可能是由于生活背景与作者大不相同。个人认为，此书如果冠名以“美国自由市场经济学”，可能更为恰当。如果比较中美之间的经济环境差异，显然，美国更接近于理论上的市场经济体，而中国其实还只是转型中的国家。当社会经济水平发展到相当成熟的阶段时，市场和政府的角色和定位是清晰的，也是相对均衡的，两者无法简单地相互替代。因此，作者从这一角度认为，政府对市场的干预多数是不必要的、有害的，因为市场本身具有调节和恢复平衡的能力。让市场的归市场，让政府的归政府，这一主张是合理的。但是，对于中国这样的转型经济体而言，市场还没有获得其应有的地位，其内部运行机制并不完善，也不稳定。此时，任何否定市场之外其他经济手段的说法都是武断的。中国古谚有“橘生淮南为橘，生淮北为枳”的说法，从另一角度注解了经济理论其实无法简单套用。

经济与政府之间的关系，即便在西方经济学里，也还是未有定论的一桩公案。对于大力主张政府介入经济管理的凯恩斯主义学派，经济学界内的看法也大相径庭。有人指出，其实凯恩斯主义者从没有证明过政府干涉经济是有效的。即便是罗斯福新政，起根本作用的是战争需求的拉动，而非凯恩斯式的经济政策的结果。这一说法也很绝对化，毕竟即便是弗里德曼也承认，在1929年大萧条时，美联储存在不作为的过错，而他所指的，本身就是一种非市场化的引导和调节手段。本次由美国次贷危机引发的全球金融危机中，各国政府正是吸取了在80年前那次危机中的教训，及时进行了干预，才使得全球经济没有陷入持久的深度恶化状态。但是，这种干涉是非常态的，虽能挽狂澜于既倒，但是无法强行扭转经济运行结构，反而对市场造成了人为的扭曲，在渡过危机之后，需要更久的时间才能恢复正常状态。如果将市场作为主体来看，政府干预就是外部力量，可以“救急”，可以“治标”，但就市场经济体本身而言，政府无法“救穷”和“治本”。

人类所无法自如掌控的是，如何完美地将市场和政府的手段结合起来，灵活及时地转换。市场是一部“自律机器”，有失灵的时候，甚至会陷经济于崩溃。而政府其实比机器要复杂得多，某种程度上可称之为“他律机器”，往往会发展到自我膨胀乃至摧毁一切的地步，这就是常见的导致政府失灵的一个重要原因。

西方经济学界的市场和政府之争陷入谁也无法说服对方的误区，往往是缺少更高层次哲学指导的结果。洛特和列维特都希望用自己信奉的理念说服对方，他们在各自的著作里都涉及到了复杂的社会现象，比如枪支是否应该管制，犯罪与堕胎之间的关系，女性投票与政府扩张，甚至是街头妓女这样的出位话题。尽管有专家认为，洛特以令人信服的观点，纠正了《魔鬼经济学》过分简化的分析方法及其内在缺陷，用最正统经济学的理论推翻所谓的常理。其实他们的推导过程都有局限性。

在哲学高度，中国人早已知道，任何偏于一个极端的观点总是错误的。无论完全信奉市场万能，还是坚持政府有全面干预的义务，都是不可取的。必须将两种对立的东西协调使用，才有可能找到问题的解决途径。市场和政府犹如人类的两只手，在欧美，政府像左手，市场像右手，而在非市场经济国家，政府像右手，市场像左手。就像“左撇子”和“右撇子”，如果他们对自身优势运用得当，都能生活得很好。但是，无论谁失去了另一只手，都会陷入麻烦。中国读者应该以包容和理解的心态，正确地看待“左撇子”的生活，包括阅读这本书，都应抱有这样的态度，才能兼收并蓄，洋为中用。

2010 年 6 月于香港

权威推荐

尽管相反的证据几乎无处不在，无穷无尽，但是在我们这个国度里，依然有众多精英，包括学者、新闻记者、政治家和作家，在固执己见地大声高呼：自由企业并不中用。他们义无反顾地主张加强政府管制和集中规划。

在《自由经济学》一书中，约翰·洛特为我们驱散了神话的迷雾，让“传统思维”在现实面前土崩瓦解。他以事实而非意识形态为基础，让我们认识到了自由市场原则的神奇威力，无论是商业、劳动力、犯罪控制，还是公共政策，自由市场都为我们带来了巨大的成功，而本书则是我们认识市场经济真谛不可或缺的基石。

——埃德温·米斯 (Edwin Meese)

前里根政府司法部长

《自由经济学》以令人信服的观点，纠正了《魔鬼经济学》过分简化的分析方法及其内在缺陷。约翰·洛特总能以令人钦佩的视角，用最正统经济学的理论推翻所谓的常理。

——默里·魏登堡（Murray Weidenbaun)

华盛顿大学教授

里根政府的首任经济顾问委员会主任（1981 – 1982 年）

《自由经济学》以深刻的笔触为我们揭示出政治经济学的真谛——政治与经济之间的相互作用。毫无疑问，它的观点颇具启发意义，也极具宣传价值。正如托马斯·杰斐逊曾经说过的："自由的代价就是需要时刻警惕。"约翰·洛特则通过其职业生涯的亲身经历，以新颖的视角为我们提供了必要的警惕。

——约翰·雷西亚 (John Raisian)

斯坦福大学胡佛研究所所长

约翰·洛特教授有着令人钦佩的胆识。在《自由经济学》中，他再次向我们展示了这种不畏世俗、敢于挑战权威的勇气。这本书再次强调了亚当·斯密的有限政府调控观点，重申了自由市场的重要性。

——拉里·埃尔德尔（Larry Elder)

著名广播对话节目主持人

《美国人十戒》（*The Ten Things You Can't Say in America*）作者

《自由经济学》以令人震撼的说服力告诉我们，成功的经济到底是如何运行的：它需要自由的思维、自由的市场和自由的交换。约翰·洛特一针见血地为我们揭示出其中的奥妙。

——约翰·法得（John Fund)

《华尔街日报》栏目 *OpinionJournal.com* 专栏作家

《盗窃选举》（*Stealing Elections*）作者

目　录

第5章　功与过：做得太多　173

政府的膨胀是好还是坏？政府干预下投票是否公平？媒体处处是偏见？公立学校为的是方便美国政府进行思想控制？

序 言

社会进步的发动机究竟是什么

> 我们每天所需的食物和饮料，不是出自屠户、酿酒商或面包师的恩惠，而是出于他们自利的打算。我们永远都不必感激他们的仁慈，因为这只是出于他们的自爱，更不必诉诸我们的所需，因为我们不过是在被他们利用而已。
>
> ——亚当·斯密 (Adam Smith)
>
> 《国富论》(*The Wealth of Nation*)

自由市场是万能的——这个思想在亚当·斯密看来，显然是再清楚不过的事情。当然，这是在资本主义初期。不过从此之后，怀疑和指责便纷至沓来。这些指责也并不新鲜。早在1848年，卡尔·马克思就已经在《共产党宣言》中提出以计划经济取代市场经济的经济体制。从苏联到现在的朝鲜，计划经济体制曾经为众多国家所采纳，但其结果却大同小异——物质短缺。在这种计划经济体制下，大多数国家最终都陷入困境。当然，人口增长的压力也是原因之一。时至今日，即使是某些在经济上最为成功的国家，比如说中国，也重新建立起新的市场经济体制。

与此形成鲜明对比的是，那些坚持市场经济的国家却一直在稳步向前。这背后的原因很简单，正如亚当·斯密所言，自由市场是以追求自利为基础的。市场承认的是：无论是胡萝卜还是大棒，无论是软硬兼施还是威逼利诱，人类行为还是取决于其个人动机。人们自由地去改善自身经济条件，这将有助于整个社会财富的最大化。亚当·斯密已经认识到，因物物交换而实现双赢的自由贸易将是不可替代的趋势。无论是一辆新汽车，一台新计算机，还是一张电影票，只有买家认为其价值要高于价格，卖家认为其价格高于价值时，交易才能成功。

尽管成功的例证比比皆是，但在那些富裕而自由的国度里，下至平民百姓，上至政界精英，依然有很多人对自由市场满腹狐疑。在美国，政客们召开听证会公开谴责石油公司，指责他们大肆掠夺顾客，他们主张采取油价控制政策，或是对石油公司的赢利征收高额所得税。新闻媒体则气势汹汹地谴责“企业的贪婪”，并大声疾呼：避免更多的大公司变成新“安然”的唯一方法，便是紧紧抓住政府管制这根大棒。普通民众更是怨声载道：在居高不下的医疗价格背后，制药公司是在通过剥削大众而获利。

作为这一观点最具说服力的例证之一，《魔鬼经济学》(*Freakonomics*)以其精辟的论述掀起了轩然大波，该书的销量超过百万册。在这本书中，作者史蒂芬·列维特 (Steven Levitt) 和史蒂芬·都伯纳 (Stephen Dubner) 揭示了弥漫于我们日常生活之中的种种“迷茫、混乱和彻头彻尾的欺诈”。显而易见，对企业的质疑已经成为当今社会最令人关注的主题。在他们的眼里，医生、葬礼承办人以及寿险代理人这样的所谓专业人士，无非是一群不法奸商，他们只不过是通过诱骗顾客而牟取暴利。于是，他们发出了这样的警告：“如果你能想到，很多专业人员只是在利用手头的信息侵害你的利益，那你就对了。”两位作家甚至把房地产代理商比作三 K 党党徒。在他们的世界里，几乎每一个人，从教师到柔道运动员，再到政客，都是骗子。无论是列维特和都伯纳，还是迈克尔·摩尔 (Michael Moore)，很多畅销书的作者都发现，大多数顾客都支持这样的观点：几乎所有的公司都在犯罪。

但是自由市场经济难道真是在以榨取消费者为生财之道吗？难道美国经济真的就是一个混乱不堪的霍布斯式（Hobbesian，霍布斯主义，用来形容一种无政府状态。——译者注）大染缸吗？难道美国的生意场真的是一个鼓励我们成为骗子的战场吗？难道从大企业的 CEO 到街头汽车零售商，真的都以牺牲顾客利益来获利吗？

我曾研读过无数经济学论著，但遗憾的是，本书的观点很难与这些经典著作相吻合。诚然，有些人的确喜欢撒谎或骗人，但这不过是人的天性而已。然而，市场中的这种事情绝不是制度造成的。事实上，这样的现象少之又少。安然的后面是成千上万、规模各异的美国公司，他们循规蹈矩，公平竞争，在想方设法满足顾客需求的同时，为自己创造利润。至于汽油价格为什么会在自然灾难来临之前屡创新高，我们的经济中为什么会存在垄断，以及酒吧、餐馆中的酒品为什么这么贵，其背后都可以找到令我们信服的原因。这些问题的答案并不比"企业的贪婪"复杂，所有这些都无一例外地告诉我们：自由市场是有效的。

这恰恰反映了自由市场最大的优势——它激励所有人都诚实守信。顾客不喜欢被人欺骗，一旦发现上当，他们就会另寻卖家。无论是大公司，还是私人小企业，只要能公平地对待自己的顾客，他们就会发现，满心欢喜的顾客会再次光临，于是，他们的财源便会滚滚而至。

对于商家来说，声誉丧失是对他们欺诈行为的最大威慑，而这一点恰恰被自由市场经济批判家忽略。当一个企业承认欺骗之时，其最大损失就是丧失信誉，而不是政府的罚款或官司。因此，即使不受到犯罪指控这样的威胁，公司股东也会有足够动机，去敦促他们的管理者和会计师诚实做人、诚信做事。随着技术的不断更新，众多企业都在挖空心思，希望能凭借自身信誉找到新财源。著名的互联网拍卖网站 eBay 就是一个典型例子。尽管采用匿名方式，但卖家仍可以通过顾客交易评分在网上打造信誉。研究表明，良好的信誉可以让 eBay 的卖家抬高商品价格。由此可见，无论是在线销售，还是临街叫卖，诚信都会带来商机。

不仅在生意场如此，在任何一个领域里，信誉都能促使人们诚实守信。这在政坛中更表现得淋漓尽致。要知道，除了企业高管，政治家也许是最受公众尊重的职业之一。在传统观念中，政治家无不屈服于资助他们再次当选的那些“特殊利益群体”。但是，政客们真的甘愿把拉选票的希望放在这些资助者手中吗？如果真是这样，我们岂不是会看到：即将退休的议员，肯定要和自己的赞助人分道扬镳吗？既然不再参选，他们自然也就不再需要这些赞助人的资金支持。

然而，这并不是现实。无论是捐献伊始，还是行将结束，甚至是在最后一届任期内，政治家们的参选方式几乎都始终如一。难道是这些政客发自内心地坚持自己所支持的“特殊利益”吗？如果一个密歇根州议员坚定不移地支持汽车业，并不是因为来自那里的竞选捐赠，而是因为他坚信，汽车业就是美国未来的命脉，这样的观点真的那么不可思议吗？

在讨论竞选融资这个问题时，大多数观察家都在捶胸顿足地哀叹：花在政治上的钱“太多”了。但是他们对真正关键的问题却避而不谈：为什么会有如此之多的个人和利益群体，愿意把越来越多的钞票抛进政坛呢？答案很简单：政府支出规模日趋扩大。他们之所以愿意投入这些资金，无非是想影响政府支出的方式而已。

于是，这又引出了另一个有趣的话题：在过去的一个世纪里，是什么导致美国政府规模飞速膨胀呢？你也许不相信，女性选民的投票正在成为一个越来越重要的砝码。正是因为女性获得了选举权，这才导致美国政府规模扩大了 1/3。

让企业收取更高的价格，让公司和政治家诚实守信，让政客们坚守自己的选举之道，这些被曲解的动机往往会促使人们更多地寄希望于政美国府管制。今天市场的效果看起来越来越不明显，于是，人们要求美国政府去干预市场，纠偏查错，“惩恶扬善”。美国政府的参与却雪上加霜。从竞选融资法，到管理专业人员注册的法案，美国政府的种种管制无一不在阻碍着自由竞争。事实上，这些管制大多只能反映美国政府本身的固有动机。比如说，由于美国政府经营的企业更关心市场份额，而不是利润，因此，与私人企业相比，他们更有可能鼓励掠夺性的定价。

“犯罪”是本书另一个独辟蹊径的话题。罪犯和其他所有人的共同之处在于：他们的决策都以某种动机为基础。分析这些动机，可以告诉我们哪些政策更有利于打击犯罪。这种方法将有助于解释曾令无数犯罪学家倍感困惑的问题之一。为何 20 世纪 90 年代犯罪率直线下降？答案源于一系列政策的组合——死刑的频繁使用，逮捕率的提高，再加上枪支携带法的推广。但令人百思不得其解的却是那些毫无成效的政策，比如说，枪支控制法和“破窗”式警务执勤法 [Broken window, 源于美国斯坦福大学心理学家菲利普·齐巴杜 (Philip Zimbao) 在 1969 年进行的一次社会实验，此后，经济学家吉姆斯·威尔森 (James Wilson) 和乔治·凯林 (George Kelling) 提出了“破窗理论”。该理论的内容是：假设一座楼房上有一扇窗子破了，如果不及时修补，很快，所有的窗户都会被打破。这种混乱甚至会殃及对面的街道，使之成为犯罪的滋生地，也就是说，小的问题很可能会成为严重犯罪的征兆点，会像破窗子一样，引发进一步的混乱。——译者注] 均收效甚微，而警务部门实施的某些“肯定性行动计划”(affirmative action programs，意译为平等雇佣政策，美国政府为了纠正以往的招聘活动中雇主在人种、性别和年龄等方面的歧视和偏见而采取的行动，提倡就业机会均等。也被翻译为“反优先雇佣行动”和“反歧视行动”。——译者注) 甚至适得其反。但是与《魔鬼经济学》一书中广为接受的观点相悖的是，合法堕胎并不是导致20世纪90年代犯罪率大幅减少的首要因素。相反，本书则告诉我们，随着非婚生子女数量的增加，堕胎导致犯罪率急剧上升。

学术界的动机（我的个人体会）

对于自由市场政策有利于增进社会财富这一观点，学术界一贯的反对立场让我感到难以置信。但是，如果我们审视一下学术界在这个问题上的动机，就不难发现，他们的反对有其必然的原因。大学，甚至是私立学校，他们绝大部分的资金都来源于政府。学者们经常会发现，学校所能得到的资金数量直接与政府的规模密切相关。如果有哪一位学者，尤其是来自公立大学的人士，胆敢主张减税之类的政策，灾难也许就离他不远了。无论是教学人员，还是行政管理人员，都会因他提出的政策而受到巨大威胁，他们担心，这会招致政府在其他方面采取削减支出的措施，比如削减对大学提供的资金。

我的职业生涯从波兹曼的某州立大学开始，在那，我亲身经历了在学术界的个人利益与公共政策最优化之间的深刻冲突。我妻子和我一样，也是一名哲学博士，她一直想在我工作的地方找份工作。1986年5月，我们搬到了波兹曼，此时，这里正在对旨在废除蒙大拿州财产税的《27号宪法动议》(*Constitutional Initiative 27*)进行表决。尽管表决日期定于9月，但这一举措却立即在媒体上掀起了一场轩然大波，各方面的反对声此起彼伏，他们声称：一旦通过该项动议，将有可能导致蒙大拿州州政府和地方政府就此解散。蒙大拿州公立学校教育厅长甚至发出警告：这一措施将迫使该州关闭所有的小学。州长及其他州政府要员为了保住饭碗，居然悲哀到了不择手段的地步，他们发布虚假统计数字，歪曲数据，给自己的一派胡言杜撰依据，他们号称蒙大拿州税率已达到美国最低水平。面对声势浩大的反对声，包括我自己在内的绝大多数人都认为，这项动议将寿终正寝。

但事实却与这些官员们一相情愿的呐喊声相去甚远。如果在1986年取消财产税，就可以为州和地方政府留下至少20亿美元的可支配财产收入，这相当于蒙大拿州个人所得税收入的23.7%。尽管其他35个州支出更低，但它们依然做得非常出色。事实上，在个人和企业失去财产税减免待遇的情况下，所得税会有所增加，因此，蒙大拿州完全可以借此机会创造更多的税收收入。

我从中发现，尽管媒体宣传的数据完全是在误导公众视线，但却从来没有任何人对此提出过质疑。最初的时候，我决定发表一篇专栏文章予以评论，文章发表于1986年7月13日的《大瀑布论坛》(*Great Falls Tribune*)和《蒙大拿州标准报》(*Montana Standard*)。那时，我还一直没有联系负责将该动议提交表决的4位女士。但是，当她们中的内奥米·鲍威尔(Naomi Powell)和我取得联系之后，我同意参与此事。

在海伦娜(Helena)，我找到当时负责编写表决公告的记者弗兰克·亚当斯(Frank Adams)。之后，我又在蒙大拿州西部小城科瓦利斯(Corvallis)，见到了这四姐妹以及她们的部分支持者。很快，我就意识到这项决议之所以遇到这么多问题的部分原因是：媒体对这四姐妹攻击谩骂，把她们称作伯奇斯(Birchers，美国的极右政治组织。——译者注)或其他恶势力组织的成员。此外，对于某些较为复杂的经济问题，四姐妹未能及时解答，这更是让这些记者大为不满，从而对她们横加指责。实际上，她们往往只是在进行过一番研究之后，才对此予以答复。

4位女士与丈夫退休后都居住在比特鲁特谷(Bitterroot Valley)，她们年龄在60～70岁。在生活费用，尤其是财产税不断提高的情况下，她们只有固定收入来源，生活日益艰难。她们的生活根本就算不上富裕。在内奥米摆设最好的房间里，家具已经陈旧不堪，窗户上的裂缝用胶带勉强对付着。为了把这项动议提交表决，她们已经花掉了绝大部分的储蓄；为了收集签名，她们几乎走遍了蒙大拿州，晚上也只能在睡袋里过夜。尽管说不上完美无暇，但这项动议绝对可以说得上是出色。毫无疑问，这些普通美国民众发现问题并尝试解决问题的能力，几乎让我感到震惊。显然，收集 5 万人的签名并不是什么问题。但是，要确保动议在听证会上受到公正的对待却完全是另外一回事了。

而在后来的事件发展进程中，一系列针对该动议的不公正行为，终于促使我更多地参与到其中来。后来，内奥米用胶带把我的专栏文章贴在冰箱门上，她含着眼泪告诉我，只要有人攻击她们，或是在遇到困难之时，她就看看这篇文章，这样才能得到一丝慰藉。

刚开始，我也同意先处理媒体方面提出的“与数字有关的问题”。但是我很快就发现，所有媒体都把矛头指向我，我几乎成了整个活动的非正式代言人(后来我还变成了正式代言人)。尽管后来，我没能管住自己，亲自去向一些立法委员及其他人士游说降低财产税税率的好处，我觉得自己的主要角色不过是向媒体提供正确的统计数字。但是到了 1986 年 9 月初，我就已成为蒙大拿州电视台新闻频道的常客。

早在我的专栏文章见报之时，各报纸、杂志的编辑就开始对我进行攻击。到 1986 年 8 月底，我听说蒙大拿州政治事务委员会 (Commissioner of Political Practices) 已准备以公然违反州政府雇员禁止参与政选活动的规定的名义，对我提起重罪指控。事实上，我从来就没有听说过还存在着这么一项法律条文，不过幸运的是，因为按计划，我将在下一学年到斯坦福大学胡佛研究所 (Hoover Institution) 任职，因此，我当时已经不在州政府领薪水了。了解到这一情况之后，委员会才放弃对我进行调查。奇怪的是，很多大张旗鼓反对此项动议的人，同样是拿着美国政府工资的学者和公务员，却没有任何人对他们提出诉讼或指责。

整个8月期间，我所就职的大学行政部门对我的抱怨也开始不绝于耳。系主任多次告诫我，院长希望我不要再继续倡导这项动议。但无论如何，我还是要坚持下去，继续帮助弗兰克·亚当斯，此时的亚当斯也已成为动议的正式发言人，正在忙于新闻发布会的组织发布工作。到动身前往胡佛研究所之时，我也已成功说服蒙大拿州的几位政要人物同意支持这项议案。

在8月末，尽管我已经离开蒙大拿州，但我还是坚持继续担任此项动议的正式发言人，并在9～10月返回蒙大拿州参加几场电视辩论。9月19日，当我第一次回到蒙大拿州之时，我发现，经济系同仁惶恐不安。几位同事对我更是牢骚满腹，说我正在毁掉整个经济系：因为我参与这一活动，学校准备处罚经济系。我还从系主任那里得知，此事绝非空穴来风，院长和其他高管已给他打过电话，声称：如果不能让我"闭上嘴"，就准备削减给经济系的预算资金。

9月22日，也就是在我的第一场电视辩论那天，我在系主任的办公室里整整待了几个小时，听他讲述我的行动给经济系带来的巨大威胁。系主任告诉我，尽管我对财产税效应的分析在经济上是合理的，但是，对于这样一个敏感的话题来说，还是保持沉默为妙。我极不情愿地同意退出当天的辩论，最后，当地的一位商人接替我的辩论角色。但颇具讽刺意味的是，他的辩论对手居然是一位来自我所就职的州立大学的政治学教授。

在回到胡佛研究所之后的几个星期里，我继续向新闻界宣传削减财产税的经济意义。10月9日，我再次飞回蒙大拿州，参加了一场与州议员进行的辩论。第二天清晨到达波兹曼的时候，我发现系主任几乎已气急败坏。他想知道我是否会在辩论中提出公立学校经费过多的观点。当我作出肯定答复时，他无比失望地告诉我，整个系都会对此深感痛苦，他根本不敢想象结果如何。考虑到我的工作让整个经济系承受着如此之大的压力，我最终还是决定返回胡佛，而且尽量减少在蒙大拿州出头露面的机会。

1986年11月4日，本以为可以废止财产税的《27号宪法动议》最终在表决中落败，在全部选票中仅得到46%。但也不是没有一点安慰，此后，我们又提出了一项旨在冻结财产税的《105号动议》（*Initiative 105*），这个最终目的与《27号宪法动议》基本类似的议案在表决中大获全胜。

整个事件似乎已尘埃落定，但对于我来说，一切还远未结束。1987年初，在波兹曼召开的我所就职的州立大学经济系教员评估中，在评价与非学术界沟通能力的“拓展”项目中，我得到了全系的最低分。按照评价规则，评分结果为0～4分，最低分为0分，代表能力最差，而我居然得到了整个经济系中唯一的0分。不过，我一向不太关注评分的多少，我只关心教学、研究以及发表文章的多少。另外，由于我一直积极参与《27号宪法动议》的游说活动，如此频繁的露面机会，也让我成为了蒙大拿州最有名的经济学家之一，更重要的是，我的研究成果在国内也受到了关注，这的确有点让我感到意外。显而易见，在他们看来，排名结果是对我参与支持废除财产税这样不合时宜的行为的一种惩罚。

当然，惩罚还不止于此，我还被告知：学校将对经济系采取不同于其他系的排名方法。新方法很有可能会终结经济系在农学院中一直领先的历史，而结果就是削减经费预算。系主任告诉我，如果教员在以后所有的活动中都能做到中规中矩的话——尤其是我，院长可能会考虑恢复原来的排名方法。但教务部门最担心的是，会不会有其他人再次提出对财产税进行投票表决的动议。系主任要求我保证以后不再对媒体谈及此事。我断然拒绝了他的要求，我认为，媒体应该去惩罚那些误导性的统计数字，如果有人问及这些数字，我认为自己有责任去澄清事实。

也许是我过于天真了，但对于那些拿纳税人的钱，同时却不遗余力地维护这种特权的人，我感到不可思议。尽管我所就职的州立大学一直宣扬学术自由，但是，他们绝不会允许任何事情危及他们的饭碗，无论事情大小，只要是他们认定的，便毫无回旋余地。这次经历让我深切体会到，在公立教育和学术自由之间，永远都存在着不可调和的内在矛盾。即使大家不像我的同事那样，毫不留情地公然打击异己，但在学校里，教授和管理人员的收入来源于税收这一事实，也必然迫使他们在涉及自由市场或政府规模这样的问题上，只能避重就轻，或报喜不报忧。

实践出真知

除了出于工作和薪水方面的考虑之外，很多学者之所以对自由市场持怀疑态度，其中还有另一个层面的原因：他们中的绝大多数人终生以此为业。很多人在大学毕业后，就直接留校任教，在象牙塔中度过一生。在这里，他们的成败完全取决于同行评价。教育也许是唯一一个自产自销的行业。这就如同汽车公司只把汽车卖给其他汽车公司的员工一样。这就促使学术界只关注理论，而对现实世界的实践重视程度不足。同样，无论是作家，还是学术评判者，也都可以在毫无行业经验的情况下立足于业内。

尽管我的绝大部分职业生涯也是在学术界中度过的，但对于我而言，最具教育意义的经历之一，却是来自于在 1988 – 1989 年担任美国量刑委员会 (United States Sentencing Commission) 首席经济学家的那段时间。该委员会负责对违反联邦法律的个人或企业进行量刑，这段工作为我提供了一个从内部审视美国刑事审判体系的机会。我逐渐意识到，经济学家在学术刊物上进行的辩论，很可能过于脱离现实世界。在某些情况下，无论是作家、学术评判者抑或编辑，都很有可能对他们所讨论的制度一无所知。

当这些经济学家只专注于理论之时，往往会想当然地充当起“中央计划员”的角色。他们的职责就是确定企业应收取的“正确”价格并采纳“恰当”政策，可是，他们对市场动机不能鼓励这些企业主动采取这些措施的原因，却置若罔闻。然而，更大的问题则在于，有些经济学家甚至试图精确地计算出适用于商品的补贴或税收数额，以保证企业总能卖出数量“正确”的商品。

但正如米尔顿·弗里德曼所说的那样，理论上可行的税收政策，在实践中却很难行得通。弗里德曼和妻子罗斯通过研究发现：

> 政府是一种我们可以试图用来弥补“市场失灵”的手段，通过这种手段，我们希冀通过提高资源的使用效率，按我们愿意支付的价格，去生产我们所需要的干净空气、水和土地。遗憾的是，导致市场失灵的关键因素，同样也会导致政府难以实现令人满意的解决方案……以政府来纠正市场失灵的企图，在大多数情况下，只会以政府失灵取代市场失灵。

20 世纪 70 年代的那场石油危机，以及随之而来的美国政府价格控制，将会给每一个经历过那场灾难的人留下永生难忘的印痕。在以市场供求关系决定价格的今天，人们也许会抱怨油价太高，但至少我们可以相信，加油站无油可卖的情况，在现在看来几乎不可能，而在实行价格控制政策的那段时间里，整个地区断油而导致无油可卖的加油站却比比皆是。

集中规划自然有其诱人之处。毕竟，让大多数人理解如何在纷繁喧嚣的市场和不计其数的独立决策者中产生市场效率，并不是一件容易的事。但自由经济同样也有其不可估量的优势。在诸多市场决定因素当中，最关键的莫过于让企业独立决定能精确反映其全部成本及其顾客偏好的市场价格。而分析师和政治家，即使是经历数年的寒窗苦读，也不可能穷尽形成任何一个价格的所有因素。要对一个价格作出精确规划，几乎不可能，而一旦政府在这个过程中有所闪失，就必然会导致市场短缺、黑市或是其他有损社会福利的市场扭曲。简而言之，只有自由才能更好地保证我们各取所需。正如亚当·斯密所言：**价格为我们创造了满足他人需求的动机**。尽管计划经济曾有过形形色色的伪装面具，但自由经济会让我们这个社会更加丰富多彩，这永远是颠扑不破的真理。

第1章

敲诈：似是而非

Are You Getting Ripped Off

我们真的是在被敲诈吗？自由市场上的商家们，真的是一群贪婪而利己的掠夺者吗？垄断、价格歧视以及市场失灵真的是坏事吗？

油价攀升是好事

“我的委托人认为有人在操纵石油的价格，而他们自己则是在被敲竹杠。”卡特琳娜飓风 (Hurricane Katrina) 之后，美国油价直线飙升，为此，美国政府连续召集了两次参议院听证会，询问石油公司的高管，在其中的一次听证会上，暴跳如雷的共和党参议院皮特·多米尼奇(Pete Domenici) 居然发出了这样的感慨。人们指责石油公司进行价格欺诈，“毫无道义地牟取暴利”，这些暴怒的议员更让石油公司的高管感到孤立无援，他们知道，此时，无论是共和党还是民主党，都不会纵容他们。这一事件的背后反映了公众对油价暴涨的怒不可遏。还有一些议员的批评则显得半推半就，含糊其辞，他们认为，石油公司也许不该像人们所说的那样，把自己变成靠劫掠为生的游牧部落。但是席间却没有一个人真正触及问题的核心——石油公司大幅提高汽油价格，难道就一定是件坏事吗？

至于早在卡特琳娜飓风登陆墨西哥湾，中断其石油生产之前，即已出现的油价上涨，很多人把这种现象归结为企业的贪婪，或垄断势力的原因。的确存在这个问题：在公司的成本真正上涨前，怎么能先行涨价呢？有些人则进一步引申了这个问题，他们认为，即便在遭受卡特琳娜飓风之后，石油公司也不应涨价。

那么，我们不妨考虑一些更复杂的问题：为什么在人们尚未真正感受到卡特琳娜飓风的威胁之前，油价就会出现上涨呢？这又怎么能变成好事呢？在分析石油公司的行为之前，我们还是先从剖析个别消费者和投机者的行为动机入手。假如说，一场极具破坏力的飓风将在一周内登陆，于是，人们预计油价将在飓风过后大幅上涨。在这种情况下，当前实际价格与飓风过后预期价格之间的差异，就为消费者创造了一个节约开支的机会：在目前油价较便宜时，他们可以加满油箱。这正是投机者所做的事情：通过贱买贵卖套利。此外，在这个过程中，这些投机者还在从事着另一种有益的经济服务，他们把市场供给充裕时的汽油转移给此后的短缺期，由此平衡市场供求。

石油公司的高管完全能按同样的逻辑行事。他们可以在飓风来临之前提高油价，降低汽油需求，增加未来的可供给量，并在飓风到来之后以更高的价格出售。当然，这一举措的消极影响就是所有的人都必须在飓风来临之前支付更高油价。但没有人提到过这种做法的积极影响。飓风之后，在汽油供给因石油开采和输送管线受损而严重萎缩的情况下，石油公司则因此前油价上涨而囤积了更多的存货。之后，这些存货又在供给最紧张之时不失时机地进入市场，在如此关键的时刻，这些多余的供给必将有助于最大限度地抑制总体价格上升。

换言之，在飓风登陆之前提高油价，石油公司实际上已使飓风过后的油价最大限度地低于未采取此措施情况下的油价。因此，从经济学角度来说，石油公司在飓风来临之前本来就应该提高油价，并使之与飓风过后的预期价格持平。在这个价格点上，将彻底消除形成投机利润的价差，与此同时，通过前期增加存货，弥补了以后出现的存货短缺。

如果灾害造成的损失超过预期，那么，价格将继续上涨下去。但是从长期趋势来看，价格将有助于受影响地区尽快恢复产量。在每一次飓风过后，供给萎缩都会带来价格上涨，而一旦供给增加之后，价格就会出现回落。

通过增加供给，短期内的价格上涨确实有助于抑制长期内的价格上涨。这一作用可以通过两种方式而成为现实。首先，价格上涨为企业创造了一种强烈的利润动机，这促使他们不遗余力地增加供给。在一个特定的地区内，预期利润越高，向该地区输送油料的速度就越快，输送力度就越大。其次，暂时高价可以抑制需求。这将有助于鼓励人们放弃私家车而改乘公交工具，并采取其他特别的对策。事实上，在经历了卡特琳娜飓风之后，整个美国油价的普遍上涨，的确让这种节约的风气随处可见。很自然，与富裕阶层相比，生活成本的压力，使低收入阶层有更足够的动力去采取这些措施。乍看起来，这似乎有点不公平。但是和其他人一样，当暂时性的高油价通过增加后期供给，进而导致价格更快回落之时，低收入者同样受益。

短期高油价有助于通过其他方式尽快恢复供给。由于市场对飓风过后的油价预期走强，因此，即使是在得到具体的飓风预报之前，赢利动机也会促使石油公司预留更多的油料作为存货储备，以防万一。储存油料同样也需要成本，因此，如果我们想让石油公司承担这些成本，我们最好还是给他们一些补偿。

由此可见，企业合谋理论 (corporate conspiracy theories) 不能用来解释卡特琳娜飓风对油价的影响。事实上，和两周前油价较低时相比，美国石油业的垄断程度不可能在卡特琳娜飓风之后就出现翻天覆地的变化。企业也不可能在一夜之间就变得贪婪无比。它们只是在对最常见的供求力量作出应有反应而已。有些人也许会强调，卡特琳娜飓风仅仅是美国石油公司涨价的一个前提而已，事实上，灾难还没有降临，他们就已迫不及待地提高油价。但如果说涨价毫无根据，那么，为什么全世界的油价在飓风到来之后，都无一例外地出现上涨呢？最简单的，非共谋理论 (non-conspiracy explanation) 的解释是：全球油品市场是一个供不应求的市场，而墨西哥湾的损失，则意味着全球总供给的进一步减少。

但那些召集油价听证会的议员最关心的，似乎只是找到一个替罪羊，为大家提供一个肆意攻击的出气筒，而不是对决定价格的众多复杂因素进行评估。事实上，议员拜伦·多根(Byron Dorgan)在不经意间就承认了这一点，他指出："尽管我们都不懂价格……但我们却看到了消费者的痛苦和公司的赢利。"于是，这些议员决定采取种种措施，不惜一切代价去终止这种"价格欺诈"的行为，即制止灾害期间的价格上涨。但遗憾的是，实际上，这种暂时性的价格上涨恰恰有助于供给的恢复。

其中一项提案，就是曾在20世纪70年代让美国人备受煎熬的措施——价格控制。政府控制价格的结果只会事与愿违。假如没有对灾害之后的高价格和高利润预期，石油公司就不能大量储存汽油。在这种情况下，当飓风真正到来时，必然会出现更加严重的供给短缺现象。最终的结果自然不难预测：只有那些愿意而且又有能力排一天队的人，才能买到价格控制下的低价汽油。但具有讽刺意味的是，与限价汽油为消费者省下的钱相比，等待的机会成本（假如人们利用这段排队的时间去工作而可能挣到的钱）不知要高出多少倍。

支持"价格欺诈"和反对价格控制的观点，同样也适用于其他的商品和服务。例如，如果禁止酒店采取价格欺诈，自然会导致更多的人在飓风扫荡之后无家可归。尽管没有人愿意住高价酒店，但我们更希望每个人都能在灾难期间找到一个避风躲雨的栖身之地，此时，酒店也许就是不得已的最佳选择。但是，随着酒店逐步提高每个房间收取的价格，有些人就会不可避免地选择与他人同住。在这种情况下，一个习惯于让孩子和大人分住不同房间的家庭，很可能会选择挤进一个酒店房间，而不会为了继续原来的生活而花高价多占一个房间。当价格涨到一定程度时,甚至朋友或邻居也会选择入住同一所公寓。因此,选择同住的人越多,就能省下越多的房间,留给其他有可能无处栖身的人和家庭。

我们这些经济学家也许已经习惯于闭门造车,执迷于理论争执,但有两点我们却无法否认:首先,在需求增长或供给下降时,价格就会上涨;其次,价格控制会造成供给短缺。当然,这就是20世纪70年代实行汽油限价的后果。持续不断的汽油短缺现象,给美国人带来的完全是一场灾难:人们为了给汽车加一次油,要排上几个小时的队。但在限价政策取消之后,供给短缺似乎在一夜之间便荡然无存。既然如此,那么,我们为什么还要对价格控制无休无止地争论下去呢?

其中一个问题便是时滞。在实施价格控制的初期,人们往往只能看到限价带来的短期效应,但直到一定时间之后,人们才会意识到供给短缺带来的恶果更为严重。我们会发现,要把短时间内发生的两个事件联系到一起并不困难。不妨设想一下:假设从点燃一根火柴到这根火柴引起火灾,这中间经过一天的时间。有些人也许意识不到这两者之间的联系。因为在这期间的24小时内,还发生了很多会引起火灾的事件。

假设政府准备把明天的最高油价限制在今天的水平上。我们会意外地发现,价格控制可能会在短期内造成供应量出现暂时性的增长。如前所述,由于未来存在价格上涨的可能性,因此,石油公司必然要囤积一些额外供给。未来涨价概率越大,公司囤积的存货就越多。但在实行价格控制的情况下,企业就不可能对未来价格做出上涨预期。结果,他们就再没有动机囤积更多存货,供给随之下降。

一旦控制油价,消费者即会发现:价格被抑制在较低水平,市场供给则会提高。一旦用尽额外库存(这个过程要用掉几个月甚至是一年的时间),市场短缺就会随之而来。在实施价格控制时,企业并不会马上把所有的汽车倾销到市场上，因为市场价格完全有可能下跌至控制价格以下。

由于这种时滞效应的存在，人们常常把供应短缺归咎于石油公司，而不是价格控制。在3家美国电视台对1973 －1974年和1978 －1979年这两次汽油短缺进行的报道中，这一趋势非常明显。在这两次电视讨论节目中，只有18%的人认为，美国政府应为第一次危机承担责任，另有19%的人认为美国政府是第二次危机的始作俑者；同时，认为石油行业是这两次危机罪魁祸首的人，分别为32%和41%。

汽油并不是唯一一种始终承受着价格控制压力的商品。针对制药业进行的争论，同样是一个再典型不过的事例。除了美国之外，几乎在世界上任何一个发达国家，这个行业都面临着限价煎熬。很多年以来，美国人一直对邻国加拿大的廉价药品心存嫉妒。在加拿大，严格的价格控制和全民性的社会健康保障体系，使得其药品价格仅相当于美国的一半。

现在，美国人也想享受这种廉价的药品，许多州政府，比如说伊利诺斯州和明尼苏达州，甚至已经开始在美国境内转销这些实施价格控制的国外药品。从根本上说，这就相当于把加拿大的价格控制输出到美国。

美国的本土企业在新药开发方面花费了大量的开支，美国人也因此支付着高昂的价格。一旦开发成功，与不菲的新药研制费用相比，其制造成本较低廉，而制药公司也心甘情愿地按仅能补偿生产与分销费用的价格，在国外市场上销售自己的新产品。

另外，美国人却通过高价支撑着新药的研发成本。难以置信的是，仅占全世界人口5%的美国人，却承担着全球药品消费支出的50%。实际上，美国也是世界药品研发成本最大的承载者。这也许有点不太“公平”，因为其他很多发达国家应为这些新药分担一部分研发成本，如支付更高的价格。但是，如果美国的药价由于再输入而大幅下跌，制药公司就不得不停止很多新药的研发工作。

如果允许在美国境内出售国外限价药，马上会压低整个美国市场的药品价格，导致制药公司削减对新药研制的支出。尽管那些刚进入研发阶段的产品会被束之高阁，但很多几近完成的药品研发还是会进行到底。当人们发现市场上的新药越来越少时，应该埋怨谁呢？在更多情况下，人们对政府限价政策的副作用视而不见。与此相反，政治家、编辑记者乃至大多数公众，恐怕会一股脑地对制药公司不能恪尽职守而口诛笔伐。

我们同样可以预见到的是：真正摆脱药品限价的压力，将会是一个异常艰难的过程。因为废除价格控制就意味着，一旦取消限价政策，人们就必须接受更高的药价，但是在若干年之后，当然，也许是 10 年甚至更长的时间，我们就能在市场上看到全新的、更有效的药物。为了研制新产品，医药公司甚至需要重新设立新的实验室。但糟糕的是，制药公司也有可能不愿开展新药品的研发，因为他们担心，美国政府将来会实行价格控制政策。

总之，尽管消费者可能会因飓风之后的油价上涨而感到自己在被敲诈，或是觉得国外药品的市场价格更为低廉，但就是在这个过程之中，一种微妙的市场机制正在发挥效力：增加产品供给，消除市场扭曲。在这种情况下，自由市场开始发挥作用，而它最终所能实现的效率，将是任何政府的强制控制所无法企及的。

著名演员兼经济学家本 · 斯坦恩 (Ben Stein) 对此的总结也许是再恰当不过了，他曾写道："诚然，我也憎恨能源价格中的投机性溢价。同样，我也希望不必给汽车加油支付这么高的价格。但是把罪魁祸首归结于共谋，并认为政府管制就万事大吉，这完全是一派胡言，无稽之谈。我们只能让自由市场，让有史以来最完美的经济理念，尽情地发挥其魔力，这才是解决问题的根本之道。”事实已经证明了这一切。

垄断与价格歧视也会增进社会福利

现在，我们再来关注另一个话题：消费者是否会因某些日常用品的定价而遭受掠夺。当我们觉得某种物品售价“太高”时，很多人会本能地以“企业的贪婪”予以叱责，因为这些企业似乎永远都贪得无厌。当然，在竞争对手可以轻易地通过降价来侵占市场份额的情况下，这些企业如何收取不公正的高价格，这的确是一个让人百思不得其解的谜。对于这个观点，最常见也最有力的解释，便是企业的“垄断势力”。按照曼肯（H. L. Mencken，美国新闻编辑及评论家。——译者注）的说法，这样的解释未免太简单和幼稚，同时这也是极其错误的。事实上，“垄断势力”只不过是另一种形式的企业共谋力量罢了。

与传统观念相悖的是，垄断并不常见，而且也难以为继，即使是为数不多的垄断，一般也倾向于造福消费者；在某些情况下，比如说医药行业，垄断甚至可以拯救人的生命。此外，垄断力量手中那些“穷凶极恶”的定价策略，例如价格歧视，常会成为创造某些新产品或服务的源泉，或是催生创新的动力。

在经济学家看来，“价格歧视”是一个用来描述价格扭曲的贬义词。价格歧视是指企业的相同产品或服务，向不同的人群定不同的价格，而这种价格的差异又不是出于成本差异的原因。在某些情况下，由于同种产品或服务对不同的消费者具有不同的效用或价值，因而，消费者愿意为其支付不同的价格，这样，企业就可以通过价格歧视，向对产品价值评价最高的消费者定最高的价格。

那么，价格歧视就一定是坏事吗？事实上，它往往可以让企业创造更多的产品，进而增加社会整体福利。这尤其适用于需要对研发或基础设施进行大规模投资的垄断企业；如果不允许他们采取价格歧视，为了补偿研发成本，这些企业就只能向所有消费者收取统一高价。那些低收入阶层或是其他无力支付高价格的人群，将无法享用这些产品。

再以制药业为例。为了补偿新药研发成本，生产商有权在短期内对新产品享有垄断权。与生产成本相比，医药产品的研制、检验和审批，需要支付巨额的费用。一旦新药投放市场，其他公司就可以轻易复制。如果任何公司都可以仿制其他公司药品，最初的开发者将永远也无法收回研发成本。因此，如果没有垄断，我们将失去很多开发新药的机会，其中自然包括某些性命攸关、救人于生死一线的药品。

以阿他那韦（Reyataz，一种蛋白酶抑制剂。——译者注）和恩曲他滨（Emtriva，一种逆转录酶抑制剂。——译者注）为例。这两种药物可以有效抑制 HIV 病毒的繁殖，进而有助于延长艾滋病患者的寿命，一般可延长好几年。尽管价格不菲，但依然有很多美国人承受得起如此高昂的药费；实际上，对于富裕的艾滋病患者来说，只要能活下去，即使倾其所有，他们也在所不惜。但是对于较为贫穷的美国人以及更为贫困的非洲人而言，他们只能为这种药品支付非常有限的低价格，而另外一些人能承受的价格则介于两者之间。当生产商对这些贫困的艾滋病患者收取较低价格时，就是在实施价格歧视策略。针对同种药品向不同的顾客群体收取不同的价格，这似乎有点不够“公平”，但是在这里，价格歧视的确发挥着积极的作用；它不仅可以让贫困的艾滋病患者得到这种救命的药品，企业也可以通过向富裕的患者收取高价而赢利。

但是价格歧视有一个不容忽视的内在缺陷：以低价购买产品的顾客，可以把这种产品转售给被收取高价的顾客来套利。前文所述的艾滋病药物生产商就面临着这样的问题：他们以低价销售给非洲的产品，经常会出现在欧洲、美国以及其他定价较高的国家。这就阻碍了企业对贫困消费者实施低价的行动；在这种情况下，制药公司可能会在自己的消费者中制造竞争对手，于是新药利润便降低了。

对于其他通过专利权或版权等方式形成垄断的行业，也面临着类似的问题。要长久垄断并非易事，即便这种垄断地位受到法律保护也不例外。出版业就是一个典例的例子。这个行业的运行与制药业大同小异。出版商必须为一本新书的开发（包括编写、编辑和营销）支付巨额费用，相比之下，印刷成本则微不足道，每册不过几美元。尽管竞争对手可以轻易对上市的新书进行复制，但出版社可以借助版权法避免这种竞争。

肯定有人会问：为什么精装书要比随后出版的简装书贵那么多？两者的差异并不在印刷成本上，可以说，印刷成本的作用微乎其微。其中的部分答案在于：那些迫不及待的读者根本就不在乎价格，他们恨不得马上就能把新书拿到手中，即使支付高一点的价格，他们也在所不惜。但另一方面，其中还有一个不太明显的因素：等到简装版出版时，已经出现了转卖精装版的二手市场。于是，那些想购买这本书的读者，就可以在二手市场上以较低价格如愿以偿。因此，为了和顾客形成的二手市场进行竞争，出版社就必须降低再版书的售价。所以说，即便是垄断，也面临着竞争。

这种二手市场在大学校园里司空见惯。几乎每个大学生都知道，要逃避教科书的垄断价格并非难事。在新教科书第一次出来时，大家人手一本新书，但是到了第二年，情况就不同了：很多学生使用的课本——甚至可以说是绝大部分，都是从高年级同学手里买来的二手书。尽管我们更希望学生们能把这些教科书永远留在身边，时常温故而知新，但事实却很少如此；只要学期一结束，绝大多数学生会卖掉课本。这就形成了一个组织极完善、按低于原始价交易二手书的大规模市场。而亚马逊（Amazon.com，全球著名网站，以经营媒体类产品和电子类产品为主的在线购物网站。——译者注）和其他一些网站的出现，更是让这些二手书市场异常火暴，它们为这些交易创造了一个全国乃至全球性的平台。

尽管垄断者经常要迫不得已地与这些二手市场一争高下，但是在某些情况下，企业也可以找到回避的办法。我们再来看一个完全不同的例子。位于美国加利福尼亚州的Allerca，是一家小型生物科技公司，他们开发了一种低变应原性的猫，也就是说，一种经过基因改良而不会导致部分人群在接触后出现瘙痒和打喷嚏等过敏反应的猫。这些猫的售价居然高达每只3 950美元（还要加上不可思议的900美元运费）。为了防止顾客购买后私自饲养繁殖而形成二手市场，Allerca对所有出售的猫都实施了阉割，这就消除了以后在二手市场上出现这种动物的可能性。

尽管垄断和价格歧视都可能带来收益，但在现实中，价格差异却未必总能说明到底是哪一种情况，甚至可以说，两者在一般情况下是不可分的；价格差异往往可以归结于难以辨别的质量差异或成本差异。

不久之前，几位邻居把重新铺设家中车道路面的工作承包给一家铺路公司。就在开工前几天，铺路公司老板来到现场，他想借此机会再多招揽点生意。他主动向我提出2 000美元的价格，我对此并不感兴趣。但街对面的邻居却同意为此支付2 100美元的价格。施工期间，这位老板竟然再一次找到我，这次提出的价格居然只有1 200美元。我毫不留情，把价钱砍到1 000美元。

铺路公司是否价格歧视定价呢？也许是吧，毕竟在得到同样服务的前提下，我支付的价格要远远低于我的邻居。但是，其中不可见的东西是，铺路公司在把我添加进服务名单时，额外增加的成本（即边际成本，额外增加产出所带来的总成本增加。——译者注）很可能不同。当时的气温已经远远超过90华氏度（约相当于30摄氏度。——译者注），为了避免工人中暑，老板想让工人们早点收工。这样，他就没有足够的时间，在完工前把所有施工设备搬运到另一个社区，于是，为了加快施工，在搬走设备、遣散工人之前再多干一份活，他再次向我提出降低收费标准。事实上，在同一社区增加客户数量并不会给铺路公司增加多少成本，如果没有临时增加的客户，处理多余沥青也是一个问题。

这里还有一个貌似价格歧视但实质却不尽然的例子。经常和我一起外出就餐的家人和朋友都知道，我有一个习惯让他们感到难以忍受：我总是喜欢问餐馆的老板或经理，他们为什么这样做，为什么要那样做。我家附近就有这么一家餐馆，他们在出售双份感恩节特价外卖时，价钱比单独购买两份外卖还要多出 2 美元。这种价格歧视的目标顾客难道就没长眼睛吗？难道他们就看不出，买两份单独的外卖会更省钱吗？这几乎是不可能的，老板的解释是，双份餐包含的东西要比两份单份餐多出很多。这种双份餐的订户一般是夫妇，而丈夫的饭量通常要更大一点。但增加单份餐的量显然不太现实，因为这需要提高价格，而有些顾客（比如女性）当然不愿意为了根本就不需要的东西浪费多余的钱。

在可乐的销售中，我们似乎也能感受到价格歧视。可乐的价格等于甚至低于矿泉水，这显然不是什么正常的现象。例如，在亚马逊网站上，西格拉姆公司 (Seagram) 生产的 6 瓶装 12 盎司塞尔查水（一种德国矿泉水。——译者注）售价为 3.85 美元。可口可乐公司也生产同类产品，但他们的同容量 6 瓶装健怡可乐 (Diet-Coke) 售价却只有 1.99 美元。具有特殊口味、同时又添加了糖料的健怡可乐，为何其价格还不如矿泉水？这难道不是反常吗？

这不是价格歧视吗？那些喝矿泉水的人被收取高价，难道就一定比喝可乐的人收入更高吗？这绝对是不可能的；既然出售纯矿泉水能赚到更多利润，我们就应看到，会有越来越多的公司进入这个市场，最终导致价格不断下降。如果一定要找原因的话，有一点谁也不能否认：如果要让纯矿泉水赶上可乐的口味，它就必须具有更高的水质和含碳水平。

既然我们已承认，高价的罪魁祸首并非总是阴险邪恶、无所不能的垄断，或是不公正的价格歧视，那么，我们就不妨再来看看那些经常成为顾客抱怨对象的贵重商品。它们的根源到底是价格歧视、垄断势力还是企业的贪婪呢？或者说，能否用市场力量来解释这种定价策略呢？

餐馆里的晚餐为何更贵

在餐馆里，你肯定会对晚餐价格比午餐高出那么多而感到不可理喻。虽说晚餐分量稍微多一点，但分量本身恐怕还远不足以解释如此之大的价格差异。对此，最简单、当然也是出于本能的反应也许是：餐馆之所以对晚餐收取高价，是因为他们有权利这样做。在某种意义上，我们可以说，这的确是事实；和任何一个行业一样，为了实现利润的最大化，餐馆完全可以在市场允许的条件下收取最高价格。但如果这适用于晚餐，午餐又有什么特殊之处呢？

这似乎又是一个价格歧视的例子，也就是说，之所以可以对晚餐的顾客收取更高价格，是因为午餐的用餐者大多在附近工作，而晚餐则通常会选择较远的餐馆，但人们显然对附近餐饮的价格情况更为熟悉。因此，如果一家餐馆提高午餐价格，人们就会到其他餐馆去进午餐。但这样的解释却不足以说明问题，因为在纽约或是华盛顿这样的大城市，餐馆往往集中于一处，而且大多在门外的显眼处明码标价，但他们的晚餐价格也同样高于午餐。在这里，只需走几步，顾客就可以货比三家，因此，要找到一家经济实惠的餐馆绝非难事。

既然如此，如果说不是因为价格歧视，而垄断在餐馆如此集中的情况下更是不可能的，那么，我们到底应该怎样解释这种价差呢？这其中就存在着一个答案：晚餐顾客在餐馆逗留的时间要长于午餐，因此，餐馆就必然要面临着时间因素的限制。除了食物成本之外，晚餐的价格还要考虑到餐桌的租金成本。换句话说，顾客享用晚餐的情调越休闲，节奏越缓慢，占有一张餐桌的时间就越长，于是，餐馆利用同一餐桌为其他顾客提供晚餐获利就越少。经常在餐馆用餐的人，肯定都会遇到这样的情形：饭菜还没吃完，服务员已开始别有用心地擦桌子，实际上，他们只是想故意撵走顾客。在餐饮业里，时间就是金钱。

餐桌的这种时间成本同样也可以解释，为什么餐馆里出售的某些饮料比商店里要贵。餐馆之所以对咖啡、茶和酒品收取更高的价格，是因为人们要用更长的时间享用这些饮料或是包含这些饮料的餐点。享用时间越长的饮料，收取的价格也就越高。这就告诉我们，为什么葡萄酒价格标高的幅度肯定要大于啤酒，而以上两者又都大于苏打水。

另一方面，酒类和咖啡还要涉及其他成本。餐馆一般要储存各种各样的酒水，而这都是实实在在的存货成本。此外，为了保鲜，他们还要倒掉很多隔夜咖啡。所有这一切都是真实成本，与酒水和咖啡本身成本毫无二致。

于是，人们就对餐馆在酒水上收取高价形成了一种常见的认识：餐馆在食物上不赔不赚，所有利润全部来自于酒水。这似乎暗示着，尽管餐馆在食物上必须进行竞争，但是在酒水的收费上却可以为所欲为。不可否认的是，虽然餐馆在食物上经常是不赔不赚，但他们对酒水收取的高价格，却并不是缺乏竞争的表现。从表面上看，餐馆似乎可以凭借出售酒水迅速捞取大把的收入，但酒水同样也包含着大量的成本；也就是说，提供饮酒的场所也需要成本。

登机前的机票为何更贵

和事先筹划好行程并提前预订机票的人相比，仓促出行的旅行者难免要支付更高价格，那么，价格歧视能否解释这一现象呢？在西南航空公司的网站上，我们可以清晰地看到票价和预订提前时间长短之间的关系。对于 2006 年 12 月 12 日从费城到芝加哥的单程机票，其最低价格为提前 21 天购买的不可退票促销价 109 美元，最高价为起飞当天的 168 美元。也就是说，如果等到最后一天购买机票的话，就必须接受 54% 的价格涨幅。

和那些计划安排较为宽松的出行者相比，匆忙出行的旅客往往需要在某一特定时间按时出发，因而对这一时刻机票的需求也更为迫切，

表 1-1　西南航空公司的机票价格

票价类型	费城到芝加哥 Midway 机场的单程机票・当天的购买价格(2006 年 12 月 12 日)	预订机票提前的天数	是否可退票
促销价	109 美元	21 天	否
提前预订价	120.93 美元	14 天	否
特价	158 美元	7 天	否
可退票价	168 美元	1 小时	是

在这种情况下，他们自然要为此付出更大代价。但这显然还不足以解释其中的原委：在存在大量竞争对手、乘客比较机票价格的成本又不高的情况下，航空公司何以能收取高额的垄断价格呢？临时出行者完全可以咨询一下 Obritz、Expedia（都是知名的在线旅游网站，为顾客提供搜索和出售廉价的机票或酒店服务。——译者注）或其他网站，比较一下机票价格或是给熟悉票价的人打个电话，比如说旅行社。尽管货

比三家并不困难，也不需要什么成本，但临时购买的票价和预订价格之间仍然存在着巨大差异。如果一概而论，未免过于轻率。

事实上，航空公司所做的，不过是为某一特殊服务收取额外费用而已。也就是说，他们在最后时刻为乘客提供机票。要提供这种服务，航空公司就必须为最后时刻保留座位——这种特殊的“存货”。因此，航空公司就需要得到一定补偿来弥补预留这部分座位可能造成的经济损失。这和其他行业的存货没有任何区别，比如说食杂店，为了避免脱销，采购的牛奶就必须超过需求量。但是对于过期的牛奶，商店唯一的选择只能是扔掉，而这部分损失就需要在价格中予以考虑。于是，要保证消费者能随时买到新鲜牛奶，就必须让他们多花一点钱。

航空公司可以很轻松地按折扣价出售预订机票，这就限制了其后的座位供应量。如果航空公司想把座位留到最后一刻，他们就必须保证这些预留座位所带来的收入不低于提前出售实现的收入。我们不妨以西南航空公司为例计算一下。假设航空公司按 1/3 的平均比例预留座位，并保留到最后一刻出售；同时，所有机票均可按促销价提前预售。在这种情况下，为保证这些预留机票能为航空公司带来合理收入，其售价就必须比预售价高出 50% 以上。

加油站价差的秘密

我们再来看最后一个似乎可以归咎于价格歧视的例子。在服务式加油站和自助式加油站出售同种汽油的情况下，服务式加油站由于提供额外服务而收取更高价格，因此，两者之间的价差并不在于汽油质量。有人也许会想，对任何一种汽油，服务式加油和自助式加油之间的价差都应该相同，比如，服务式加油站的 1 加仑普通无铅汽油价格高于自助式加油站 20 美分，那么服务式加油站的 1 加仑优质无铅汽油价格也应比自助式加油站高出 20 美分。但事实却并非如此，普通汽油的绝对价差要大于优质汽油。据报告，在 2006 年 9 月 25 日所在的一周内，罗德岛 (Rhode Island) 地区的普通无铅汽油价差要比辛烷无铅汽油高出 5%。另一项调查则表明，在 65 个美国城市中，50 个城市的普通无铅汽油的价格明显高于优质无铅汽油（价差幅度不低于 5%)。

只要留意一下当地加油站的情况，你就会意识到这种差异的存在。表 1-2 是 Sunoco 加油站在提供服务式加油和自助式加油时的价差。在这家我经常光顾的加油站，普通无铅汽油的价差为 16%，最高级无铅汽油价差却只有 12%。

那么，到底应该如何解释这种差异呢？个别加油站也可以行使垄断力量吗？这几乎是不可能的；明码标价的加油站随处可见，它们之间的竞争极为惨烈。但是，那些更有可能选择普通无铅汽油的低收入消费者，真的是有眼无珠吗？

表 1-2　Sunoco 加油站的价差

无铅汽油的档次	自助式（美元）	服务式（美元）	价差（美分）
普通	2.819	2.979	16
中档	2.939	3.079	14
优质	2.979	3.109	13
最高级	3.019	3.139	12

资料来源：Chesapeake 大厦服务广场，2006 年 8 月 30 日

同样，这些貌似敲诈的行为，只不过是有效市场的一种复杂表现形式而已。其中包含着一个潜在因素：在服务式加油站，购买普通汽油顾客的每次加油量往往要少于购买优质汽油顾客的每次加油量。购买优质汽油的顾客往往拥有较高档的汽车，而且整体上要比普通汽油消费者更富裕。优质汽油顾客造访加油站的“时间成本”，也就是他们

在加油时因无法工作而损失的收入也更高。因此，这些顾客会想方设法地减少花在加油站的时间。达到这一目的的方法之一，就是尽量用完油箱里的油，然后再一次性加满。但是，对于那些收入较低的普通无铅汽油用户而言，他们很可能会采取每次只加少量油的做法。这种情况对服务式加油而言更为明显：为了得到“服务”——让服务员帮自己擦车窗、检查油箱和气压等，不太富裕的顾客更可能每次只加区区几加仑的油。

与优质油相比，由于普通油顾客每次的加油量更少，因此，加油站就必须通过对普通汽油收取更高价差的方式，使普通油和优质油的赢利水平保持一致。

掠夺性定价并非易事

在谈到如何维护垄断力量时，人们谈论最多，同时也是最邪恶的方法，就是运用掠夺性定价。在这种情况下，企业将大幅削减产品价格，使之低于生产成本，其目的往往是把竞争对手驱出市场。一个实行掠夺性定价的公司并不指望凭借经营优势取胜；相反，他们愿意付出短期亏损的代价来彻底打垮竞争对手。尽管掠夺性定价很少会严重到需要诉诸法庭的地步，但这种行为必定要引起关注。不妨以布朗·威廉姆森烟草公司(Brown & Williamson cigarette makers)和美国航空公司(American Airlines)为例：在20世纪80年代，两者都因掠夺定价导致官司缠身。这些事件的曝光，让这种广为接受的错误观念越偏越远：只要感受到竞争对手的威胁，大企业就可以随心所欲地实行掠夺性定价。

这似乎可以说明，整个美国经济并非以真正自由的市场竞争为基础，而是建立在少数垄断势力的强大力量之上，他们凭借自身优势，限制其他企业进入市场，这样就可以维护其垄断势力。但事实却恰恰相反，掠夺性定价这一策略本身就充满矛盾，正是这些矛盾，削弱了竞争对手进入新兴市场的动力。

对于垄断者来说，即使是在有利条件下，实行掠夺性定价也并不容易。要真正发挥掠夺性定价的作用，企业不仅要大幅削价，还要在低价基础上扩大产量。如果不能在低价基础上扩大产量，企业就不可能达到从竞争对手那里掠夺销售额的目的。很多经济学家认为，即使掠夺者成功地赶走了竞争对手，胜利果实也是短暂的。要补偿实行掠夺性定价造成的损失，企业就必须在赶走对手之后，把价格提高到削价之前的水平。但是，一旦把价格提升到这么高的水平，就必然会吸引新公司进入，这就可以轻而易举地削弱掠夺者的新价格。于是，为了赶走新竞争对手，掠夺者就只能再次大幅度削价。如此这般地在涨价和降价之间来回折腾，对掠夺者而言几乎没有好处。

除此之外，由于掠夺者必须通过扩大产量以支持其低价，因此，掠夺性定价带来的损失，很容易超过随后通过垄断价格实现的利润。事实上，掠夺者的损失往往要超过被驱逐公司所遭受的损失。

实际上，早在130年前，著名的敛财大亨杰·古尔德(Jay Gould)所采用的策略，就足以让掠夺性定价不攻自破。这种根本不需要与掠夺公司针锋相对的方法充分证明，价格掠夺并不容易，也很少成功。任何一家公司都可以购买其他公司的股票。为了抑制西部联盟公司(Western Union)在当时电报行业内的主宰地位，古尔德卖空西部联盟股票。按照他的策略，首先从证券公司经纪人手中借入西部联盟股票，并把它们卖出，之后再回购这些股票，返还给证券公司。在卖空一家公司股票之时，我们可以肯定，股价将低于借入并卖出时的价格，随后，当股价下跌到一定程度时再按低价买进，这样，就可以“空手套白狼”，把买卖差价揣入自己腰包。在这个例子中，古尔德首先卖空西部联盟股票，然后再组建自己的电报公司与之对峙，等到西部联盟股价下跌的时候再趁火打劫。仅仅凭股票交易，古尔德和他的合作伙伴们就赚到了 100 万美元。在 19 世纪 80 年代，这笔生意绝非小数。

这种策略对掠夺者有双重抑制作用。如果一个掠夺者能够让所有人确信：它将不惜一切代价赶走敢于进入本市场的其他任何企业，那么实际上，掠夺者恰恰不需要付出任何代价就能达到这个目的。因为人们都相信它愿意承受极大的损失进行阻挠，所以根本没有谁会考虑进入其所在的市场。也许有人会认为，这一策略将阻止其他企业进入，但事实却恰恰相反，潜在竞争对手反而获得了足够动力进入这个市场，因为他们仅仅凭卖空掠夺者股票的方式，就可以赚到额外现金。掠夺者因为新公司的进入和价格削减所遭受的损失越大，新公司因掠夺者股价下跌而获得的利润就越高。

具有讽刺意味的是，掠夺者为驱赶竞争对手所承受的损失越大，新公司进入市场的利润就越高。换句话说，旨在通过掠夺性定价获利的策略，反而让掠夺者必定失败。

“市场失灵”的面具

在诸多文献资料中，让我们在日常生活中体验市场失灵的事例屡见不鲜。比如说，毫无商业道德的业务代理人，形形色色的商业欺诈，市场不能正常运转的种种情形，无不让公众心惊肉跳，寸步难行，而所有这一切都成了作家和经济学家笔下的好题材，这为他们带来滚滚财源。然而，这些好题材并不仅限于让我们大饱眼福，其中还有更多需要我们去回味揣摩个中道理。我们看到的所谓垄断高价和市场失灵，往往只是一种意料之外的市场运行方式。不妨看几个例子：

酸柠檬：次品的难题

> 一辆售价为2万美元的新车转手的价格不会超过1.5万美元。为什么？因为按照通常的逻辑，人们只有在车子出现问题的时候才会愿意把一辆新车转手。所以即使这辆车本身没有问题，潜在的买家也会以为车有问题。他相信车主本人一定比自己更加了解车的状况，所以车主必须为自己掌握的这种信息优势付出代价。
>
> 可如果这车确实有问题呢？在这种情况下，车主通常会等上一年再卖掉汽车。到了那个时候，人们对车子质量的怀疑心理就会减弱；而且到了那时，由于有些人会卖掉那些虽然买了一段时间、可质量仍然完好的汽车，这时问题汽车的车主就会鱼目混珠，把自己的汽车一起出售，从而卖到超出汽车本身价值的价钱。
>
> ——摘自《魔鬼经济学》

故事确实很精彩——但只有一点缺憾：事实并非如此。只要是用过的车，不管有多新，都会大幅贬值，这种广为流传的观点事实上完全是荒诞无稽的。我们只需稍加分析，便可以揭穿其中的谬误。

在市场经济中，对于像《魔鬼经济学》作者列维特和都伯纳所描绘的这种次品问题，作为非正常的经济现象，它的出现必然会创造一种赢利动机，促使某些企业家插手去解决这些问题。假设你以 2 万美元的价格购买一辆新车，但出于某种原因打算立即卖掉这辆车；同时，假设这辆车只行驶了几英里，质量上不存在任何问题，因此，你完全能按 2 万美元的价格卖掉这辆车。但是按照列维特和都伯纳的观点，你却只能卖到 1.5 万美元。因为买车的人总会认为，卖家之所以想尽快卖掉这辆新车，肯定是车本身存在严重问题。在这种情况下，你会怎么办呢？你真的会甘愿承受损失而卖掉这辆车吗？

这里就存在着一个问题：你是否能花费一笔费用，比如说 5 000 美元，去说服别人相信你的车没有任何问题呢？如果用 500 美元能不能做到呢？你能不能请汽车制造商帮你检查一下，证明这辆车处于全新状态呢？如果你能以 500 美元的费用做到这一点，并在广告中将制造商的证明告知潜在客户，你完全可以按 2 万美元的原价卖掉这辆车，这样，你就可以得到 1.95 万美元，而不仅仅是 1.5 万美元。

事实上，还有很多其他的可能性。例如，汽车制造商允许把被担保人的资格转移给新车主。不管担保的范围是 3 年 /36 000 英里，还是 5 年 /36 000 英里，即便真的是一辆破车，即便是第二次转手，只要有人肯做担保，买主就不会介意。此外，还有一些地方对使用过的车实行全额退款制度，比如说，在费城有一家专门从事二手车认证交易的经销商——CarSense 公司。该公司规定，对 5 日之内购买的新车可以实行全额退款。当然，这些做转售生意的经销商，只是想通过剔除真正有问题的车辆来维护其声誉。

我们还算幸运，因为要证明一辆车到底是不是次品并不困难。我曾经对费城地区 55 辆经过认证的二手车价格进行过分析，这些车全部为 2006 年生产，并对汽车制造商的新车推荐零售价 (MSRP)、认证旧车的二手价以及“凯莱蓝皮书”(Kelley Blue Book，美国一家颇有影响力的汽车资讯网站，提供新车和旧车的出售信息及价格。——译者注）网站的报价进行比较。“凯莱蓝皮书”的报价反映了一辆汽车的实际售价水平，它以美国各地汽车经销商的数万个真实近期交易为基础。我研究了 40 辆使用时间不超过 1 年的二手车，这些车辆的总行驶里程均低于 1.5 万英里（1 英里≈ 1.61 公里。——译者注)。我之所以选择这些车，主要是想预测一下使用时间在 1 年左右的二手车到底能卖到什么价格。此外，另 15 辆车的行驶里程不到 5 000 英里，平均为 3 340 英里。

通过分析，一个问题很快就浮出水面：行驶里程在几千英里以内的二手车，其售价几乎完全等同于新车。（有关数据见表 1-3）认证后的二手车价格平均只比新车的制造商推荐零售价低 3 个百分点，而比新车的“凯莱蓝皮书”报价高出 3%。“凯莱蓝皮书”的报价还进一步显示，即便是私下交易的二手车价格，也只比“凯莱蓝皮书”的报价低 4%。对于无法依赖品牌经销商认证的私下交易，其折扣之小的原因何在呢？原来制造商担保仍然在保护着买主，这就是答案。

通过电话，我向“凯莱蓝皮书”核实了我所选择的样本是否具有代表性，最终的答复是：如果他们对特定抽样中所有汽车进行研究的话，也应该能得到类似结果；这也就是说，即使新车行驶里程很可观，也肯定不会出现转手价格降低 25% 的可能性。更可气的是，在个别情况下，那些状态极好的二手车售价甚至会超过新车制造商推荐零售价。“凯莱蓝皮书”的销售代表表示，为了维持转售价格水平，避免让顾客感到经销商是在占自己的便宜，制造商常常要保证经销商不得按超过制造商推荐零售价进行销售，即使是最时髦的车型也不例外。

如果说酸柠檬理论成立的话，就像列维特和都伯纳所说的那样，卖家“最好等上一年再拿出去卖”，那么，对于一部使用了一年左右的二手车来说，其售价就不可能比行驶里程只有几千英里的二手车低很多。但事实却证明，这个差额的确很可观。换言之，使用一年左右的二手车售价非常低。这种二手车的认证价比新车的制造商推荐零售价低 14%，比新车的“凯莱蓝皮书”报价低 8%。

一旦离开展览大厅，汽车的价钱就会大打折扣吗？我们不妨看看行驶里程在 3 000 英里左右的二手车，针对 2006 年的相同车型，对制造商推荐零售价、“凯莱蓝皮书”报价以及认证车二手价格这三种报价方式在 2006 年 9 月 27 日的比较（表 1-3）。

房地产代理商：被误解的“3K 党徒”

> 经纪人往往比聘用他们的客户掌握更多的信息，因而可以利用这种信息优势。比如说，房地产代理商对房地产市场的了解肯定要多于普通房主。因为随着房地产售价的提高，房地产代理商在利润中所得到的份额会逐步减小，因此，这些经纪人就有足够的动机去鼓励客户尽早出手，而对应的价格自然也就非常低了……我们发现，即使是在诸多居住性能相对较为有限的情况下，房地产代理商自有房地产的售价，也会比其他房地产平均高出3.7个百分点左右，销售时间则延长了9.5天左右。
>
> ——史蒂芬·列维特和Chad Syverson

日常生活中，我们经常产生被欺骗的感觉。对于我们所购买的每一件商品或服务，卖家肯定比我们知道得更多。无论这些人是医生、律师还是汽车机械师，我们似乎总被这些有能力愚弄我们的所谓专家操纵着。

在《魔鬼经济学》一书中，列维特和都伯纳把美国的自由市场比喻成一个杀人不眨眼的地方，在这里，所谓的专家可以为所欲为地欺诈和愚弄消费者。人们总是习惯于把经济中的种种异常现象归结于某种阴谋诡计，但这两位作者显然还未意识到，任何缺乏诚信的行为，注定要受到市场力量的惩罚。他们对市场的高度不信任，充分体现在他们对房地产代理商的讨论之中。都伯纳曾经写过一篇名为“房地产代理商的欺诈概率”(The Probability That a Real-Estate Agent is Cheating You) 的文章。列维特和都伯纳当然有权坚持自己的观点，但是，他们居然声称“三 K 党就是一群房地产代理商”，因为两者都在利用“威吓”的“原则”来利用和左右他人，这样的修辞手法显然不太准确。

房地产代理商难道真的是在欺诈其客户吗？列维特和都伯纳借助无

表 1-3　各种品牌汽车在不同报价方式下的报价

汽车品牌及型号	行驶里程（英里）	传动方式	发动机类型	驱动方式	类型	制造商推荐零售价（美元）
福特 F150 SXT Supercab5 1/2	3841	自动	8 冲程	双轮驱动	标准	26300
福特 Focus Zx4 Sedan S	4873	自动	4 冲程	双轮驱动	标准	14295
吉姆斯 Canyon 4×4 Crew Cab SLE	1143	自动	4 冲程	双轮驱动	标准	24960
丰田 Canyon 4×4Doublecab	4483	自动	6 冲程	双轮驱动	标准	26460
丰田 Avalon Sedan XL	3928	自动	6 冲程	双轮驱动	标准	27395
沃尔沃 S40 2.4i	3141	自动	5 冲程	双轮驱动	标准	24735
梅赛德斯奔驰 ML·350 SUV	2673	自动	6 冲程	四轮驱动	标准	40525
梅赛德斯奔驰 R350 Wagon	3388	自动	6 冲程	四轮驱动	标准	48775
本田 Civic EX Sedan	3998	自动	4 冲程	双轮驱动	标准	19055
起亚 Optima LX	3160	自动	4 冲程	双轮驱动	标准	18240
起亚 Amanti	2653	自动	6 冲程	双轮驱动	标准	28675
土星 VUE 2.2L	3974	自动	4 冲程	双轮驱动	标准	19345
尼桑 350Z	4221	手动	6 冲程	双轮驱动	标准	28265
尼桑 Pathfinder 4x4	2030	自动	6 冲程	四轮驱动	标准	28050
尼桑 Altima 2.5S	2597	自动	4 冲程	双轮驱动	标准	20715
平均	3340					26386

资料来源：Yahoo Auto

新车报价（新车的实际交易价）（美元）	二手车报价（美元）	认证二手车的价格（美元）	保养良好的二手车以旧换新价（美元）	私下交易价（美元）	认证二手价新车报价(%)	私下交易价新车报价(%)
23974	25820	21595	17075	21365	90	89
13734	14215	14387	11475	12495	105	91
23033	25470	22366	20100	23210	97	101
24644	29125	26855	25250	27125	109	110
25155	25350	24955	22525	24435	99	97
23561	26885	23681	22800	24790	101	105
38120	42410	46995	36300	39255	123	103
45869	47775	47722	43275	45525	104	99
18790	21455	20995	18625	20025	112	107
17250	13655	16900	9200	12385	98	72
26714	23100	20659	16100	19520	77	73
18380	21600	18955	16325	18930	103	103
27004	27260	30995	23675	25465	115	94
26803	29385	28665	22475	25890	107	97
19900	20315	19978	16750	18480	100	93
24862	26388	25719			103	96

名氏K(暗示为三K党。——译者注)先生的故事，向我们讲述了房地产代理商如何通过阻挠房地产售价最大化的方法来欺骗卖方：

> K先生准备按45万美元的价格卖出自己的房地产，他给房地产代理商打了个电话，想了解一下房主可以接受的最低价格……代理商告诉K先生："咱们就开门见山地说吧。按照你的房地产，其他客户愿意接受的价钱比你的预想要低得多。"通过这次谈话，K先生把卖价降到了42.5万美元，而不是原来计划的45万美元。最终，卖家只得到了43万美元。因为有了代理商的参与，卖家至少损失了2万美元。

我们很难解释房地产代理商为什么要打压卖方出价。鼓励卖家降低卖价，到底能给代理商带来什么好处呢？降低价格意味着所有人的损失，当然也包括房地产代理商自己。如果说代理商降价仅仅是为了尽早实现交易，那么，这个例子显然太缺乏说服力。低卖价并不一定能帮代理商更快卖掉房地产，而且一旦K先生的房地产卖出更高价格，他显然也愿意向代理商支付更多佣金。

如果我们假设上面的故事完全真实，那么，对于房地产代理商的行为，一个可能性更大的解释就是：代理商认为买家不愿意接受更高的报价。因为她(指房地产代理商。——译者注)根本就不可能知道K先生打算出价45万美元卖掉房地产，她甚至很可能无法确定，K先生是否打算出价。当然，还有很多其他的可能：也许是卖主迫于压力要尽早卖掉房产变现，但暂时又找不到接受的人；也许是代理商知道，附近还有其他房地产将于近期低价出售，因而必将对K先生的房地产价格产生消极影响；抑或K先生自己在这笔买卖中就是一个出色的谈判家。但不管怎样，所有这些都不一定能说明，代理商是在为了自身利益而欺骗她的客户。

下面这个例子则完全源于现实生活。几年以前，随着家庭人口增加，我和妻子都感到现有住房小了点，于是，我们打算买套卧室更多的住房，但我们俩对此并无什么具体想法。当时，妻子和我都认为，卖掉现有住房再购置一套大点的房子也许更合算。于是，我们决定咨询一下帕特里克·韦尔奇不动产公司 (Patrick D. Welch Real Estate Office) 在当地的办事处。

假如你认同列维特和都伯纳对房地产代理商的看法，把他们看作三 K 党一样的骗子，唯一的愿望就是赶快把钱挣到自己手里，你也许会这样设想：代理商肯定会建议我们把卖房的事情委托给他们，然后再帮我们找一套新房——这样，代理商就可以挣两笔佣金。但事实远非如此，她对我说："我当然愿意帮你卖房，但我觉得扩建一下你现在的房子，也许是更现实的做法。"她不仅放弃了佣金，也没有为提供咨询而收取任何费用。实际上，这种诚实有其内在的市场动力——她的做法提升了自己和老板的信誉，她的做法让客户相信，无论是她自己，还是她所在的公司，都是诚信可靠的房地产经纪人。房地产代理商的新客户往往是老客户推荐来的，因此，对于这样一个行业而言，声誉的重要性无与伦比。而这种信誉的重要性，又有助于防止从业者欺骗自己的顾客。如果列维特和都伯纳能发现，卖房子给 K 先生的房地产代理人正在低价出售其客户的房产，那么，其他人同样也能发现这一点。

列维特和都伯纳的核心观点在于，一方面，这些房地产经纪人"鼓励客户尽早出手，因而其对应价格自然也就非常低"；另一方面，他们在销售自有房产之时，却往往要让房产在市场上停留更长的时间。那么，如果按 30 万美元成交的话，他们就可以额外赚取 6 000 美元到 1 万美元的利润。乍眼一看，这笔赚头似乎还算可观。但实际上，两者之间的差额却只有 2 ~3 个百分点。这表明，如果一位房地产经纪人要等上几年才卖掉自己的房产的话，那么，她作为房地产经纪人每年只能多赚 1% 左右的超额利润。

的确，房地产经纪人的代售佣金只有 3%，但出售自有房产的收入却全部归己，因此，他们完全有更强的动机在销售自有房产时追求价格最大化。但有些人仍认为，房地产经纪人在销售自有房产时赢利更多，仅仅因为他们是行家，他们很有可能在最初购进自有房产时就已经为自己找到了一笔生意。然而，考虑到经纪人领取经营许可证和掌握经营技能要花费时间，他们还要日复一日地找客源，谈价钱，所以说，多挣 2% ~3% 似乎有点得不偿失。只要愿意花上几年时间去找房子的话，任何人都会遇到好生意。

此外，房地产经纪人比大多数人都更了解什么改进更有助于提高房产价值。因此，当经纪人为客户提出这些建议时，他们自己往往比客户更可能遵循这些意见。

最后一点是，房地产经纪人出售自有房产的成本很可能远远低于销售客户房产的成本，因为他们对自己的东西更了如指掌。比如说，在安排潜在购买人看房时间的环节，经纪人就不需要与客户进行协商。

同样，这种优势也存在于任何一个需要特殊专长的行业；但这并不是说,这些业内人士都在欺骗客户。作为同行,谁是最好的主治医生，往往是医生本人最清楚，而且他们也更有能力评价所接受的治疗意见，为自己找到最好的医生、得到最好的治疗。难道这就一定意味着，不懂医学的患者，就一定会受到不公正的待遇吗?

对于卖房者而言，房地产经纪业是一个充满竞争的行业。要得到客源，这些房地产经纪人之间就必须凭借声誉、佣金水平以及既定房产的推荐价进行竞争。此外，卖房者自己也可能会选择独立出售房产，而不借助于经纪人。总而言之，房产所有者之所以选择中间人，是因为这能让他得到最理想的卖价。

路捷：有效市场中的无效产品

有些学者常提及路捷（路捷，一种汽车防盗系统，可以借助无线电信号帮助车主找回被盗的汽车。——译者注）糟糕的销售业绩，毋庸置疑，这已成了市场失灵的典型案例。实际上，路捷本身确实是一个不错的想法——汽车制造商可以把这种体积微小的跟踪设备隐藏在车内。如果汽车被盗，警察即可通过设备发出的无线电信号找到汽车。由此看来，路捷似乎具有社会正外部效应，因为罪犯根本就不可能分辨出哪辆车安装了路捷，因此，即使是没有安装路捷的车辆，也能从中受益。

但是按照这些学者的观点，这却会带来一个问题：尽管你没有为自己的汽车安装这种防盗设备，但却希望其他车主这样做。由于某些汽车安装了路捷，但盗车贼却无从知晓哪辆车安装了路捷，于是，他们自然也就不敢轻举妄动，进而，你就可以通过汽车总体被盗率的下降而坐享其成。按照这种逻辑，最终就不会有任何人安装路捷，因为每个人都希望他人安装路捷。

这是否可以看作一个市场失灵的例子呢？不尽然。如果这种设备果真有效的话，这个问题本身就可以迎刃而解。例如，如果只有保时捷车的车主安装路捷的话，盗车贼就只对保时捷避而远之，这样，也就只有保时捷车主能享受这种防盗设备的好处。事实上，背后的动机甚至有可能更令人惊诧：如果盗贼放弃保时捷而专偷其他车，这就意味着，保时捷被盗率的下降，很有可能会带来其他未安装路捷的车辆被盗概率的增加。因此，任何一家汽车公司都应有足够动机去安装这种设备，而不会对此置若罔闻。

既然如此，如果市场运转正常的话，汽车制造商为什么不安装路捷呢？最明显的答案就是：路捷的优点被人为放大。除了在强制执行折扣价的州之外，大多数汽车保险公司都不为路捷提供折扣价。政府雇员保险公司(GEICO)的销售代表艾米·凯莉(Amy Kelly)指出，这种设备并不能有效地阻止汽车偷盗的行为，原因在于，等找到安装路捷的汽车时，“汽车很可能已损坏”。此外，学术研究也不能肯定这种设备具备所宣传的那些优点。仅在2002年，被盗汽车总值就已高达84亿美元，如果路捷名副其实的话，汽车公司没有理由不安装这样一种有效的防盗设备。降低被盗率，不仅可以降低保费，而且让车主对汽车的安全信心大增，这将让所有车型受益，进而提高汽车的市场吸引力。因此，在这个例子中，失灵的是产品，而不是市场。

法外开恩并非好事

一旦法官接受民众反企业的敌视思想，这就有可能带来巨大危害。如果企业被指责为行为不轨，也需要像个人一样接受审判。在这种情况下，如果是个人对一家公司或企业提起控诉，法官的责任就是对起诉方提出的对抗性主张进行评价，并在相关证据基础上作出公正裁决。但在下面的例子中，我们却发现，法官很可能会对个人原告表现出过度的同情，尤其是对穷人、病人或是其他身处困境的弱势群体。

让这些原告赢得官司，应是出于人的本性——也许没人愿意看到“贪婪”的企业和高薪聘请的律师，在一无所有的单身母亲或病魔缠身的患者面前趾高气扬。但是，一旦让感情代替法律去审视这些判案，法官就无法认识到这种裁决对社会经济所造成的影响。具有讽刺意味的是，这种趋势往往对贫者、弱者和病者具有更大的危害性——换句话说，受害者恰恰是法官最想帮助的人。在帮助某个人的时候，原本公正的法律却在伤害更多的人。

我们还是看一个发生在华盛顿特区的著名案件吧。有一位依靠社会救济生活的家庭主妇，通过赊购方式在商店购买了一套价值514美元的立体音响设备，她以前曾在这家商店买过1张床、1台洗衣机和4把厨房椅。商店同意向她出售这套设备，但是要求她用此前购买的物品设立留置权，一旦无法支付购买款项，就必须把这些物品交给商店。当这位母亲最终未能履约时，公司要求法庭执行事先约定的留置合同。法庭最初作出有利于公司的裁决，但在上诉中，一位特区巡回法庭的法官发现原判“不合情理”，“在充分了解原告必须依赖社会救济款满足自己和7个孩子的衣食住行的情况下，商店向原告出售了一套价值514美元的立体音响设备。”由此，法庭宣判原来签订的留置合同无效。

判决显然是在帮助这位单身母亲，让她在未履行约定付款义务的前提下保留留置物品。在帮助了一个贫穷妇女战胜了一家更富有、更强大的企业之后，法官也许会感到一种轻松和宽慰。但他似乎未意识到，自己的判决对这家商店的其他低收入顾客，乃至了解这一判决的其他商店，将会产生何等影响。

由于这位单身母亲的唯一生活来源是社会救助，因此，商店在向她出售音响设备的同时，就承担着巨大风险。如果没有抵押作为付款保证条件的话，商店很有可能会拒绝对她进行赊销。但是，在不能如约付款的情况下要求顾客返还商品，对于商店来说并不是一种有效的保证，因为回收商品可能并不容易，而且需要耗费非常巨大的成本，此外，返还的商品还可能已破损。对于这个判决，作为当事人的这家商店以及其他商店最有可能作出的反应，同时也是最合理的反应，就是不再向穷人赊销任何商品。显而易见，最受伤害的正是那些穷人。尽管穷人是最大的信贷风险源，但他们又恰恰是最需要信贷的顾客群。在这个案例中，市场创造了一种有效的方式——抵押担保，让穷人通过信贷渠道获得昂贵的商品，但是为了帮助某一个穷人，法庭却让大多数穷人丧失了这个待遇。

另一个例子同样影响深远、引人关注，但却令人感到无比心痛。

故事主人公是一个 18 岁的女孩，安尼塔·雷耶斯 (Anita Reyes)。在惠氏 (Wyeth) 实验室注射脊髓灰质炎疫苗两周之后，雷耶斯被诊断患有脊髓灰质炎。1970 年，安尼塔的父母对惠氏制药公司提起诉讼，声称安尼塔因注射疫苗而感染了脊髓灰质炎。法庭很清楚，安尼塔在注射疫苗之前就已经患有脊髓灰质炎，因为在她体内出现的菌株根本就不同于惠氏制药公司生产的疫苗菌株。但是，法庭还是想找个替罪羊，为这个穷孩子的痛苦遭遇承担责任，最终，判决惠氏制药公司支付了一笔相当于现在的 85 万美元的巨额赔款。

法庭认为，必须迫使某些人去帮助像安尼塔这样的家庭，“直到所有美国人都能受到社会保障的庇护”，在这个事件中，这个责任人只能是疫苗生产商。如此判决也开创了一个先例：即便是对于根本就不应承担任何责任的问题，公司也有可能成为背黑锅的替罪羊，原因很简单，不管问题源于何处，总得有人埋单。

法庭想帮助安尼塔的愿望可以理解。但是，如此草率的判决必将对大多数受伤害的群体带来深远的消极影响。如果法庭裁定由公司来承担与其产品毫不相干的损失，那么为了补偿这些损失，公司就只能提高疫苗价格。事实证明，这笔赔偿的费用非常巨大，并已超过 1988 －2000 年间儿童疫苗的 90%。

但它在经济上造成的现实影响，却极为不利：当法庭以不公正的方式偏袒像安尼塔这样的个别儿童时，就会迫使制药公司提高疫苗价格，这让某些穷人根本无力承担这么高的费用；而责任规则的变化，则导致接种疫苗的儿童数量减少了 100 万左右。因此，尽管安尼塔的家庭得到赔偿，但其他穷人不能再接种疫苗，因而更有可能感染病毒。

至于法庭的参与对自由市场经济所造成的危害，我们再来看看最近发生的一个例子。这个案例是工人因工伤起诉老板的事情。很多高危险工种要求为工人提供一定的补贴；尽管这类工作的工资总额可能并不高，但仍然要高于相对较为安全的工作。对于某些职业，比如说警察和消防员，潜在危险是直接的，而且随时有可能出现。而对另一些工作，比如说需要接触有毒化学物质的工作，在危害性的后果被发现之前，也许要经历一段很长的时间。

20 世纪 70 年代末之前，即使不聘请律师，工人也能轻而易举得到足够的保险赔偿。因此，对起诉雇主的限制也极为严格。在此期间，对于接触一般水平致癌物质的职业，比如说烟草生产行业，美国工人的收入中均包括“风险补贴”；按照今天的标准，他们在整个就业期间的收入总额要超过 18.5 万美元。事实上，在这种工作中，真正患上癌症的概率只有 0.004% ～0.016%，这样看来，这笔收入还算说得过去。但是到了 70 年代末，法律规定上的变化，却导致工人可以随意对雇主提起诉讼。于是，公司也就不再向工人支付此类补贴。工人工资中所包括的部分甚至是全部的风险补贴均被取消，工资水平因此也有下降。

这种司法变更对某些工作造成了一种事实上的经济失衡，比如说存在致癌危险的工种，往往要等到很多年之后才有可能发病。诚然，雇主确实通过降低工资抵消了一部分诉讼赔偿成本。但是，对于那些在法律变更之前就已经受雇的工人，已经通过多年的高工资获得了补偿。如果允许他们起诉雇主，实际上就相当于对他们所承担的风险进行了两次赔偿。而最终的结果就是：公司破产，工人被解雇。

尽管法官大多是聪明绝顶之人，但某些人的确还需要进一步认识到这样一个重要的教训：**自由市场是有效的。**

第2章

声誉：市场的赏罚令

Reputations

声誉对我们而言有多重要？从总统竞选到犯罪裁决，从关联交易到不法商家，自由的市场经济何以能自发地形成一种诚实守信的约束机制？为什么身败名裂者寸步难行？

对我们这个经济体，乃至整个社会而言，声誉都是最关键的要素。它蕴涵于一切事物中，从消费品定价到竞选活动的进行，概莫能外。但其重要性却为很多分析家、立法者甚至是普通公众所忽视。这就造成了一些严重的问题，因为对声誉的错误认识很可能会带来非常消极的影响。在政界，《麦凯恩·法因戈尔德法案》(*McCain-Feingold bill*)及其他竞选财务法案先后出台，这些法规明显形成了对当政者的偏袒，削弱了选举的竞争性，进而降低了选民的参与度。此外，对声誉价值的忽视，还将导致对高收入罪犯和被指控欺诈的企业采取高额罚款的处罚手段。

只要分析一下声誉在我们这个社会中发挥的作用，对于这些意料之外的结果，其原因也就不言自明。即便从本能出发，我们也可理解，声誉是如何作用于我们生活的方方面面的，但在现实中，我们却很少考虑它给政治和经济体系带来的影响。无论是竞选资金的筹集，还是企业的行为，我们都可以从中发现，声誉正在以一种令人难以置信的方式，渗透在我们的每一项决策和每一个活动之中。

诚信是社会筛选的标准

如何能防止政治家和商人们言而无信、欺世盗名呢？也许很多人会异口同声地说：什么也做不到。此起彼伏的政治和企业丑闻，已在公众心目打下这样一个烙印：政治家和商人不过是一群乌合之众，商场和政坛里充斥着骗子和谎言。诚然，不可否认的是，在任何一种职业中，都会有一些不诚实的人，我们总能在电视上看到这样的镜头：政治家或企业家戴着手铐，被人们从办公室里推搡而出，羞愧难当地在记者的照相机下掩面而过，但在美国，这却并不像我们想象得那么司空见惯。

有些愤世嫉俗的人会说：很多骗子只不过是逃脱了我们的耳目。持有这种观点的大有人在，在大多数人的眼里，我们的政治和经济体系究其本质就是腐败成性；这个“体系”的本性，也许就是让好人成为受骗者，不得安宁，或是让骗子为所欲为，逍遥度日。无论是何种形式，我们都已经习惯于这样的思维：政治家和商人是绝对不可信的。而宣扬这种思想的书籍更是比比皆是。比如迈克尔·摩尔(Michael Moore)的《愚蠢的白人》(*Stupid White Men*)一书，就曾成为2002年的畅销书，这类书籍无非证明了这样一种广为接受的观念：我们身处的这个政治和经济体系，正在为那些不可救药的堕落者与骗子提供温床。

然而这种说法并未认识到，无论在政治中，还是在经济中，都存在着一种无所不在的强大力量，促使人们诚实守信。有人也许马上会想到，这个力量就是对缺乏诚信者的法律制裁。当然，没有一个人愿意锒铛入狱，或是承受高额罚款。但是，对于那些危害还没大到要通过法律手段来解决的欺骗行为，又奈之若何呢？何种动机能让政治家兑现承诺呢？又有什么能防止劣等货或是不可靠的商品充斥我们的市场呢？事实已经告诉我们，在这个政治体系和自由市场经济中，确实存在着一种鼓励诚信的内在力量，这就是声誉，维护一个良好的声誉。

我们还是先从商业领域入手。优质品往往比劣质品价格要昂贵，我们可以把额外增加的价格视为一种优质“溢价”。这种溢价至少应补偿为生产优质品额外所增加的材料成本和生产成本。对于一家一直以销售优质品而著称的公司，这个额外的溢价，就代表了顾客为其良好声誉而愿意额外支付的对价。

如果公司欺骗顾客，它所付出的代价就是损失这个溢价所带来的未来利润。例如，假设有一家声誉显赫的豪华跑车公司，突然向市场推出一批质量极其低劣的汽车。刚开始的时候，顾客也许还会支付高价购买他们的产品，但产品性能极不可靠的消息一经传开，公司就会名誉扫地。此时，由于顾客已经了解到产品的低劣，他们也就不愿再支付优质品溢价。在这种情况下，公司的唯一选择就是降价。

于是，因声誉败坏而带来的潜在收益损失，就形成了一种促使商家诚信经营的动力。但如果一家声望显赫的公司存有一批劣质品，并且该公司已准备申请破产，它就有可能决定把这些劣质品一次性投放到市场上，并按优质品的价格进行销售；因为公司已无未来可言，也就不必担心声誉的损失，或是以后能否继续收取优质溢价。

这就是企业家和政治家信守承诺动机的不同之处。很多分析家往往自以为是地认为，政治家和企业在承诺守信方面的动机基本一致：一旦失信于人，政治家就不可能再度当选；这一点和企业如出一辙：欺骗顾客，就意味着销售额的丧失。但是，公司与个人之间确实存在着一个关键性的差异：公司至少在理论上永久存续，而个人却不能。只要不想关门大吉，公司就必须经常面对因欺诈顾客而带来的潜在损失。但政治家却未必总有连任的动机，毕竟他们最终总是要以这样或那样的形式离任。

这就是所谓的“最后任期问题”(last period problem)，它揭示了传统认识的一个致命弊端：政治家之所以要保持诚信，仅仅是出于他们对连任的考虑。如果说政治家信守承诺完全是为了连任，那么，为什么在决定退休之后还要这样做呢？假设一位政治家公开宣布，下一届任期将是最后一届，在这种情况下，保持诚信的连任动机已不复存在，既然如此，选民为什么还是要推选他接任最后一届呢？答案很明显：连任并不是诚信的真正动机。假设这位政治家已失去连任最后一届的希望，为什么还要在前一届任期中保持诚信呢？因此，“最后任期问题”推翻了这样一种逻辑：政治家的约束力来自连任的压力。

我们似乎可以从三个方面解开这一谜团。首先，政治家可以对未来任期将成为最后任期的计划守口如瓶，从而避免选民因“最后任期问题”产生不信任感（但这种做法并不适用于总统选举、很多州的州长以及其他限制任期的公务员，或是实行自愿性任期宣誓的众议院和参议院候选人。——译者注）；其次，政治家之所以在最后任期中尽力保持声誉，也许是因为准备在卸任之后竞选其他职位，或是给自己谋得其他职位，继续为任职期间曾经“关照”过的组织呐喊助威；最后一点，政治家在最后任期内继续维持其良好的声誉，也许是想把这种声誉传承给后代，帮助他们在政治上的顺利接班。

为了验证这些可能性，我对 1978 年退休的议员进行了一次研究。在这些议员中，近 40% 的人退休之后既未从事其他政府工作，也未成为说客，他们的子女也没有从政、担任政府职务或是成为说客。令人百思不得其解的是，确实有些退休议员存在上文中提到的一种或几种动机，这自然会迫使他们恪守诺言，但是，那些根本就没有这些动机的退休议员同样也严守诚信之道。显然，让政治家恪守诚信的，肯定另有其他原因。

在这个问题上，声誉继承的说法显然离题太远。只要在最后任期保持忠诚，难道就可以把本属于自己的声誉转移给他人吗？德高望重的前任总统、州长、参议员和国会议员经常会在竞选集会或是政府会议上对本届候选人大加赞扬。但只要细细地品味一番，我们就会发现，政治家根本就不能像批发商品那样，把自己的声誉转让给别人。纽约市市长鲁迪·朱利安尼提名迈克尔·布隆伯格担任自己的继承人，但这和朱利安尼自己竞选下一任期完全是两回事。同样的道理也适用于罗纳德·里根推荐乔治·布什和比尔·克林顿推荐阿尔·戈尔的情况。事实上，声誉根本无法转让。

这也反映了政治家和商人之间的另一个不同之处：企业可以售卖声誉,但个人却不能。如果有哪家公司收购了坎贝尔香皂公司(Campbell Soup)，在决定是否继续购买坎贝尔香皂之前，消费者总不至于先调查一下新坎贝尔香皂公司所有权的归属吧？只要价格和商品没有变化，只要产品上还贴着“坎贝尔”商标，消费者就会继续购买。这就是公司为其商品而不是公司人员所培育起来的声誉，它是这家公司产品质量的保证。但退休的政治家们却无法以同样方式转让其声誉。

但也不是没有例外，政治家可以把自己的声誉传给家庭成员，尤其是子孙。对于一个成功的政治家而言，其子孙进入政坛的道路会较为顺利；在子孙真正打拼出自己的天地之前，他们的业绩往往与父辈的声望联系在一起。很多政治家，从小布什到阿尔·戈尔，都曾把先辈的政治声望当作自己步入政坛的起点。

既然政治家的声望无法转移到自己的家庭成员以外，那么，如果子女没有从政的话,也就无从受益于其声望。这不同于家族企业的继承，子女可以变卖父辈留下来的企业，把收入再用于经营其他行业。既然从政是子女受益于父辈政治声望的唯一途径，那么，对于政治家的后代从政的概率高于绝大多数职业的现象，也就没有什么大惊小怪的了：在政治家的子女中，有30%的人子承父业，这一比例仅次于农民子女。相比之下，在家族企业中，继承父业的比例却只有15%。

但我们已看到，把自己的政治声誉转移给子女，并不一定能让政治家比其他人更忠诚可信。至于连任，或是给自己在退休之后谋个好差事，同样也不能。那么，政治家的诚信动机到底源于何处呢？

要回答这个问题，我们首先剖析一下那些接近于终身制的稳定职业。例如，对于实行终身任命制的最高法院法官，就不存在任何连任压力。如果看看目前任职时间超过 10 年的几位大法官，我们就会发现，他们在意识形态上的立场几乎始终如一：斯蒂芬·布雷耶 (Stephen G. Breyer)、约翰·史蒂文斯 (John Paul Stevens)·戴维·苏特 (David Hackett Souter) 以及鲁思·金斯伯格 (Ruth Bader Ginsburg) 是坚定的自由派，而安东尼·史格里亚 (Antonin Scalia) 和克拉伦斯·托马斯 (Clarence Thomas) 则是保守派最忠诚的支持者。只有安东尼·肯尼迪 (Anthony M. Kennedy) 是中间派。

至于个别大法官为什么会支持自由派或保守派，大多数人都能理解其中的原因，因为他们对自己的政治理念坚信不疑。当总统提名大法官时，实际上就是在寻找一个坚决支持其政治取向的法官。他首先要分析被提名人在以往投票中所作的选择，从中寻找其他可以作为双方共同的出发点的内在属性。尽管这些法官为了得到提名，也许会故意隐藏自己的真实观点，甚至撒谎，但瞒得了一时，瞒不了一世。对于最高法院的被提名人，通常要对他们的多年职业情况予以考察，以确定他们的可靠性。如果总统提名的人没有清晰的执业纪录，他就很可能要冒着玩火自焚的风险。乔治·布什在 1990 年提名的戴维·苏特 (David Souter) 就是一个例子，由于缺乏足够的法庭上诉经验，以至于在任命之后，苏特成了最高法院中最具自由主义色彩的大法官之一。

大学里的终身教授制与此如出一辙。一旦成为终身教授，就算得到了一份一生高枕无忧的职业。既然如此，为什么那些成为终身教授的人还要辛勤工作、刻苦钻研呢？答案在于，这些成为终身教授的人，往往对教学和研究本身就有一种内在兴趣和追求。而有些终身教授的候选人那么努力地工作，并不一定是因为他们喜爱这份工作，或许仅仅是为了过上衣食无忧、轻松自在的生活，而不必再终日操劳。但是评选一个终身教授的过程，往往要经历 5 ~ 7 年的时间，作为一种试用期，在此期间，人们可以通过很多微小迹象，考察候选人是否真正重视研究与教学。比如说，他把暑假时间到底是用于研究，还是外出度假？是喜欢和别人探讨学术问题，还是没事就看电视？归根结底，随着时间的推移，钟爱工作的人将会和临时抱佛脚的人自然而然地甄别出来，而前者成为终身教授，这自然水到渠成。

这个过程同样也可以帮助我们解释：为什么大学教授在学术言论上可以做到无拘无束，随心所欲。这是因为任期为终身制，因此，评审教授们当然不愿把这个机会送给那些保守派的候选人，否则，他们也许会为自己的选择而烦恼几十年。对于评审人来说，这个确定终身教授最终人选的试用期，不仅是观察候选人工作习惯的机会，同时也是一个了解他们政治倾向的机会。尽管候选人可以在一段时间内隐藏自己的真实政治观点，但是要做到在 5 ~ 7 年的时间里始终如一，又谈何容易呢？由此可见，那些在研究、集体讨论或是生活方式上表现保守的候选人，很可能在这个漫长的过程中被淘汰出局。最终的结果是：研究表明，在哈佛和康奈尔这样的顶级学校中，96% 当选的文科类终身教授均为民主党或是绿党成员，而在得克萨斯州立大学和宾夕法尼亚州立大学这样大的州立学校中，民主党人士当选的比例也高达 86%。所以，通过终身制教授选拔过程的人，通常都是勤奋治学的自由派。

这里的关键点在于，尽管某些政治理念或工作态度可以伪装，但只有那些真正信仰这种理念的人，尤其是那些始终如一的人，才能为人们所认同和信服。 对于评审人来说，要区分这两者并不困难，而他们通常会选择后者成为最高法院的大法官或终身教授。大法官在接受终身任命后依然能坚持原则；大学教授在得到终身任职后依旧勤奋工作，保持开放的学术精神，两者背后的原因完全相同：他们之所以能走上各自的位置，正在于通过这个筛选过程，剔除了那些别有用心或是缺乏真正诚信精神的候选人。

政治家也要经历同样的筛选过程。他们也许可以掩藏自己的真实信仰，去信奉自己并不信奉的原则。只要能当选，他就可以鹦鹉学舌，高呼着言不由衷的“正确”口号，甚至会循着所谓“正确”的方式去投票。但和总统班子的成员或是教务管理人员一样，选民同样也能区分哪些候选人是真诚的，哪些只是在逢场作戏，日久见人心，孰真孰假，总会一目了然。至于他们的选票，就是对真诚者最好的回报。

和多数人看法相悖的是，当选或是连任的政治家，更有可能是那些对个人目标笃信不已、坚定不移的人。

来自堪萨斯州的政治家肯定会坚信：农场主是美国的脊梁；而来自底特律的政治家则会不遗余力地支持汽车工业。这就是政治家即使是在最后的任期中也要信守诺言的原因，他们绝不会为了连任而去信守承诺，他们坚定地站在某一立场，完全是因为他们坚信自己的选择。

竞选捐款取决于政治理念

人们经常把竞选中的财务安排视作反映当今美国政治体系腐败的典型事例。他们声称，大企业、大富翁以及实力雄厚的政治活动机构，可以通过这些政客扩大自身影响力，而政客当选之后又必然会投桃报李，极力取悦这些捐款人。这种观点往往先入为主地认为：之所以有人为政治家捐钱，不过是他们希望能按照自身意愿影响选举结果，归根结底，他们的目的就是想“购买”这些政客的选票。

工会、商业团体、律师、医生以及为数众多的特殊利益群体，都要定期向政治家们捐款。但奇怪的是，所有这些捐赠实际上并不能真正改变个别政治家的政治立场。当然，捐款人也未必希望他们改变。

人们把这种政治捐款视为购买选票，最根本的原因在于，他们认为政治家的投票倾向于与捐赠人的意愿保持一致。几乎没有会人否认这一点，但是通过对捐赠和投票机制的分析，我们却可以看出，捐赠人捐助政治家与政治家投票的原因是相同的：政治家对这种政策的支持发自内心，而捐赠人也只会向志同道合的政治家捐款。如果政治家不会因为接受捐赠而改变其投票意向的话，购买选票的现象也就不可能出现。

分析这样的两难问题似乎有点棘手：当捐款人把钱交给政治家时，怎能区分出，到底是因为他们想影响政治家的投票，还是因为他们同意这些政治家的观点和立场呢？

揭开这个谜团的一种方法，就是回头看看那些退休的政治家。他们决定不再参加连任竞选时，就不必再担心是否必须为了确保未来的竞选资金而顺应捐赠人意愿。如果捐赠人确实是在贿赂政治家，要求他们在投票时作出违心选择的话，当政治家已不再担心失去捐赠时，他们至少不会再对这些捐赠人百依百顺。但如果捐赠人仅仅是出于政治家的真实信仰而支持他们，那么，即使政治家已决定退休，他们也不大会改变自己的投票方式。

对此，我和另一位经济学家史蒂夫·布罗纳尔斯(Steve Bronars)对议员的投票记录进行了研究，我们的研究对象是 1975 – 1990 年期间 731 位至少连任两届的众议员。研究结果表明，在宣布退休计划之后，这些议员仍然坚持以前的投票方式，即使是在解释是否会在退出政坛后给自己找条后路这样的问题时，他们也不改初衷。尽管即将退休的议员在最后一届任期中接受的捐款仅为前一届任期的 15%，但他们的投票取向却几乎没有任何变化；从平均水平上看，因接受捐款而改变投票意向的人仅占 1/450。

甚至是那些倒数第二届任期中聚敛大量捐款的政治家，也并没有因此明显地改变自己的投票意向。事实表明，从接受特殊利益群体的捐款开始直到最后，这些政治家在他们的整个政治生涯中，自始至终都保持着相同的政治理念。

但这并不是说，从来就未出现过明目张胆的钱权交易和胆大妄为的行贿受贿。例如，在 1978 年，美国联邦调查局 (FBI) 启动了一项旨在打击腐败的“针刺”(Sting) 计划，并由此引发了著名的“阿伯斯坎”(ABSCAM) 事件，6 名众议员和 1 名参议员因接受一家虚设中东公司的贿赂而锒铛入狱 (FBI 为侦察国家机关内的渎职犯罪，以虚设的 Abdul 有限公司作掩护，由联邦调查局的一名秘密线人扮成阿拉伯商人，以谋求赌场营业许可证、产业投资等为名，向国会议员和政府官员行贿，诱使多名资深政客接受他的贿赂，他们的一切言行全部被联邦调查局摄入镜头，成为对他们起诉的直接罪证，最终致使其中 22 名政治家被判定犯有受贿罪。AB 为 Abdul 的缩写，SCAM 意为诱惑、诱骗。——译者注)。最近的贿赂案件更是此起彼伏：加利福尼亚州众议员兰迪 · 卡宁汉姆“公爵”(Randy Cunningham “Duke”) 因接受某国防工程承建商的贿赂而被控诉 (卡宁汉姆曾经是越战时期著名的空军英雄。——译者注)；路易斯安那州众议员威廉 · 杰斐逊 (William Jefferson) 被指控为帮助一家电信公司获得在尼日利亚和加纳的生意并接受 40 万美元贿赂 (FBI 在杰斐逊的被冻结账户上发现了 9 万美元现金。——译者注)；而最臭名昭著的贿赂丑闻，莫过于美国游说大亨杰克 · 阿布拉莫夫 (Jack Abramoff) 案件，他因多起牵涉众议员和政府公职人员的贿赂案件而被起诉，其中包括后因受贿而辞职并接受指控的俄亥俄州代表鲍勃 · 奈伊 (Bob Ney)。

一件错综复杂的腐败案件往往是个精彩非凡的故事。而腐败的政府官员则是美国流行文化中最具嘲讽意义的角色，当阿布拉莫夫丑闻这样的故事被各种新闻媒体连篇累牍报道时，这种印象在公众心目中就更深刻。但是腐败问题到底已泛滥到何种程度？是否大多数议员都染指其中了呢？我们可以用一种非常有趣的方法检验一下这个问题。

> 到1994年为止，在1980年1月8日之前上任的议员可以不受限制地随意支配未使用的竞选资金。但是此后当选的议员，却只能将此类资金用于以后的竞选费用，或作为退休之后回到家庭所在地的搬迁费。因此，对于在1994年进入最后一届任期的议员来说，捐款人在此前进行的捐款，实际上就相当于直接给议员现金；只要议员能如约兑现自己的投票承诺，捐款人就可以送给议员一笔可以合法挥霍的资金。但是，这些捐款人却很少向这些处于最后一届任期的待退休议员捐款，几乎所有的捐款都捐赠于在议员宣布退休决定之前。这表明，捐款目的完全是为了竞选，而不是用于个人贿赂。

如果不加分辨地把腐败视作我们这个政治体系中的普遍现象，这种错误观念必将削弱公众对政府的信心，催生对美国民主体系的嘲讽和顾虑。结果对竞选财务实行更严格的管制的呼声必然更大。我们在下文中将会看到，这实际上是在限制民众对政治的参与。同样，政治家向出价最高的捐款人出卖选票的观点无异于是在说：这些政治家根本就不关心政策结果，他们只是故作姿态，为了拉选票而假装关心。但所有的证据无一不在证明，这些观点是错误的，并在误导大众观念。事实上，没有一个政治家不关心政策结果。无论捐赠形式如何，数量多少，他们都倾向于在整个政治生涯中保持一致立场。如果捐款人的捐赠对象是那些声名显赫的政治家，则可以彰显捐款人自身价值。总而言之，由于公众得到了他们所需要的政府，这个体系也就发挥了它应有的作用。

竞选财务改革束缚了政治民主

> 显然，太多资金注入了我们的政治体系，正因如此，公众才会认为，整个选举过程和美国政府系统是腐败的……如果政治体系中的资金过多已成共识，美国政府就只能对其加以限制了。
>
> ——现任美国副总统约瑟夫·拜登 (Joseph Biden)

竞选财务改革常常被吹捧为整治美国政治腐败和关系网的武器。实际上，最高法院对此却一直持谨慎态度，甚至对某些声称可以消除“腐败萌芽”的改革方案，他们仍淡然处之。就连大法官们自己也意识到竞选财务改革的弊端：它倾向于保护在位者。甚至是一直在投票中支持对竞选中的财务安排实施监管的布雷耶大法官 (Justice Breyer)，也警告了立法机构通过竞选财务改革的潜在危害：这可能“导致当政者可以规避竞选制度的约束机制和竞争机制”。

通过在任职期间筹集起的竞选基金，当政者在财务上往往具有挑战者所没有的优势。但是，他们还有另一个不太为人所关注的优势：他们拥有业已形成的声誉。即使当政者没有为拉选票花一分钱，以前的竞选活动以及媒体对其在任期间业绩的报道，还是能让选民对其有所了解。即便挑战者是著名的运动员或电影明星，他在这些领域的声誉也不可能全部转移到政治中。原因何在呢？因为即便这些人在各自领域内有过辉煌成就，但他们在政治决策方面的能力却无从考证。显而易见，投票人可以更好地预测当政者将如何投票，但是要预见挑战者的投票情况，却非易事。

尽管要理解这一点并不难，但是要真正认识竞选财务管制所带来的问题，这一点却至关重要。假设在竞选期间，这些规定把当政者及挑战者的支出都限制在 10 万美元内。两个候选人用这笔钱，通过电视广告、直复邮件或是类似宣传招徕选民。假设这笔支出能给他们拉到同量选票，这就给当政者创造了一种先天优势，因为很多选民已对他任期内打造出的声誉有所耳闻。我们再设想一下竞选支出减少到零的情况，显然，当政者的优势将更加明显，选民仍会认同当政者，而挑战者几乎不会为大多数人所了解。唯一能消除这种不公平的因素就是：挑战者也曾担任过政府职务，享有一定的政治声望。尽管挑战者可能也具有一定的从政经历，但和那些精明的政客相比，无论怎样努力，政坛以外的经历肯定会让他们在政治声望上略逊一筹，这是一个无法回避的事实。

由此可见，由于当政者已拥有相当程度的政治声望，因此，挑战者从增加的每 1 美元竞选资金中得到的回报，注定要高于这同样的 1 美元给当政者带来的收获。换言之，对于每增加的 1 美元，挑战者所能传递的信息要多于当政者。

1974 年，国会通过修订《联邦竞选法》(*Federal Election Campaign Act*)，对个人及组织的竞选捐赠资金数量进行了严格限制，可以说，此次修订在很大程度上源于水门事件带来的震动。通过对 1946 年以来选举数据的分析可以看出，由于这些法规的通过，当政者在联邦政府选举中当选的概率一直在稳步增加；其中，众议员的再度当选率从 88% 增加到 94%，参议员的再度当选率则从 76% 增加到 81%。我们不得不承认的是，竞选财务法的改革并未提高参众两院选举的竞争程度。它是除了竞选资金以外，造成上述结果的另一个原因。

限制捐赠对地方选举的影响几乎完全一样。我们不妨看看 1984 – 1992 年初各州的参议员竞选情况。我发现，捐款限制导致当政者获胜的概率平均提高了 4% ~23%。资金管制带来的另一个后果是：只有一人参加竞选的概率增加了 1 倍，这无疑极大地增加了当政者再次当选的可能性。此外，竞选财务管制还导致参与竞选的候选人数量平均减少了 20% 左右。

总而言之，限制单笔捐款数量往往只有利于当政者。当单笔捐款数量受到限制时，候选人在迫不得已的情况下，只能求助于大量的小额捐款人。这对当政者同样是一个好消息，因为此前执政期的经历，必然会让他们在寻找潜在捐款人时有更大的可选空间。

假如 20 世纪 60 年代和 70 年代初就有目前限制单笔竞选捐赠规定的话，美国总统选举的历史会完全不同于我们今天所看到的情形。1968 年 3 月，当林登・约翰逊 (Lyndon Johnson) 宣布不再寻求连任时，几乎让整个美国为之震动。约翰逊的退出，在很大程度上归结于他在民主党初选中表现不佳，对手是反越战参议员尤金・麦卡锡 (Eugene McCarthy)。而麦卡锡的候选资格主要依赖于 6 位大赞助人，他们几乎成了整个党派的经济基础，他们更是为他的竞选提供了绝大部分资金。如果按通货膨胀进行调整之后，麦卡锡筹集到的竞选资金几乎相当于老布什在 2000 年初选时所筹措的资金数，但老布什的钱却是来自 17 万个捐款人！如果是在目前竞选财务法的环境下，麦卡锡这种近乎反叛式的竞选几乎是不可能的，因此，即便是越战立场让他在党内遭到质疑甚至是反对，约翰逊也会轻松取胜。因此，我们可以看到，竞选财务法起到了压制党内不同声音、强化党派领导者地位的作用。

限制单笔捐款数量的另一个弊端在于，由于候选人只有找到大量赞助人才能筹措到所需资金，这就迫使他们不得不尽早开始筹款。而这种趋势又必然会削弱竞选的竞争程度。其原因在于，假如前几轮竞选的候选人失败或退出竞选，其他候选人要在最后时刻加入竞选就难上加难。

限制单笔捐赠的做法，其本身危害性已非常大了。然而，2002 年的《麦凯恩・法因戈尔德法案》废除所谓"软钱"（指不在联邦法律管辖内的资金，只能用于不对联邦竞选产生影响的活动，捐款人可以通过这种非联邦账户对国内政党进行数量不限的捐款。——译者注）的规定，更是让目前的情况雪上加霜。

在《麦凯恩·法因戈尔德法案》出台之前，竞选基金对那些与当政者对峙的挑战者或是名气不太大的候选人而言意义重大。为了说明这一点，我们以民主党和共和党在 1984 年– 2000 年期间的参众两院竞选为例。在此期间，共和党众议院当政者仅从党内获得 2% 的资金。而挑战者却得到了约 10% 的资金。对于民主党众议院候选人，这两个数字则分别为 2% 和 7.2%。事实上，在整个竞选年度中，仅仅出现过一次例外：在 2000 年的民主党参议院竞选中，当政者从党内获得的资金比例超过了挑战者。

由此而得到的结论清晰直白：如果我们要想通过限制捐款和开支增加竞选竞争程度的话，就应该对当政者实行歧视性限制。当然，要以这样的方法创造“公平”的竞选极为困难，因为每个当政者的知名度不一样。从总体上看，尽管当政者名气一般要超过挑战者，但是，任期数量、以往竞选开支以及当政期间媒体的关注程度，必然会导致他们在知名度上有所差异。

与上述所有证据相悖的是，竞选财务改革的倡导者们却声称，限制捐款将提高竞选的竞争性。这就是乔治·梅森大学 (George Mason University) 托马斯·斯特拉特曼 (Thomas Stratmann) 教授的观点。在一个就反对《麦凯恩·法因戈尔德法案》提起的法庭判例中，斯特拉特曼在提交给法庭的诉讼案情摘要中正式提出这一观点。斯特拉特曼主张，因为无论多么优秀的候选人，都很难通过广告让选民看到自己的与众不同之处，所以竞选融资限制会增加竞选的竞争性。抛开该理论在方法上的问题不谈，认为竞选财务限制能够使得最佳候选人胜出的难度增加，因此是有益的，这种观点很难让人信服。

竞选财务改革支持者还主张，捐款限制可以通过消除选举腐败，并提高选民参与性。在竞选 2000 年加利福尼亚州州务卿时，民主党参议员黛布拉·鲍文 (Debra Bowen) 对这种观点进行了一番总结：“选民不参与投票的原因之一，是他们认为，既然有钱人能操纵一切，投票又有何意义？”

但现实证据却告诉我们，竞选融资限制措施降低了竞选的竞争性，进而降低选民投票率。限制公司竞选捐赠，导致投票率下降了 4%，而限制企业政治活动委员会对候选人捐款，则使投票率降低了 6%。至于限制候选人总体开支的方法，其影响程度则更为显著——投票率因此下降了 8%。

至于其他主张，则多少有点狂想家的意味。有人认为竞选财务管制就其根本是无害的，因为捐款不会对选举施加任何有意义的影响，无非是在浪费金钱而已。这种观点的一种极端表现形式出自于《魔鬼经济学》，作者在书中指出，“即便一位候选人将自己的竞选预算削减一半，他所损失的选票数量也只有 1%。而那些很可能会输掉的候选人，即使增加一倍的投资，他们也只能多赢得 1% 的选票”。

如果的确如此的话，这难道不是说：几乎每个参议员和众议员，也就是说，所有成功的美国政治家都不知道自己到底是怎么当选的吗？既然竞选筹资毫无意义，以至于增补或者削减一半开支也只能增减 1% 的得票率，这些政治家为什么还要如此煞费苦心地去筹钱呢？为什么还要乐此不疲地发送函件招徕拥护者、召集筹集宴会或其他诸如此类的活动呢？这 1% 的得票率对政治家的前途和命运又有多重要呢？我们不妨思考一下：在 2006 年议会选举的 435 个席位中，有 8 个席位的最终胜败在 1 个百分点之内，决定 35 个席位的得票率不足 5 个百分点。

不过对下一批总统候选人来说，似乎还要向他们游说竞选筹资的无谓性。《每日新闻》(*The Daily News*) 最近披露了一个鲜为人知的细节，介绍了鲁迪·朱利安尼 2008 年的总统竞选战略。《每日新闻》指出：“在他的计划中，核心内容就是在本年度筹措至少 1 亿美元，其中，仅仅在接着的 3 个月就至少需要筹集到 2 500 万美元。”在巴拉克・奥巴马和希拉里・克林顿公布参加民主党提名的意图之后不久，《纽约时报》就公开披露，两位候选人计划筹集 7 500 万美元。显然，还没有人告诉过朱里亚尼、奥巴马或者希拉里，他们所有的筹资活动只是在浪费时间而已。难道他们就没有看过《魔鬼经济学》吗？

尽管这种反直觉的论点不乏拥趸，但大量研究还是告诉我们：捐款对政治选举的影响还是客观存在的。研究还表明，与当政者相比，竞选捐款对挑战者的重要性更为显著。

限制竞选融资带来的最后一个问题是，它的采纳，必将进一步限制公众对竞选的参与。这种约束作用正在变得越来越荒谬可笑，越来越令人压抑窒息。我们可以到华盛顿州，看看《麦凯恩・法因戈尔德法案》给我们带来的这些新秩序到底怎样。在那里，一位法官竟然做出这样的判决：由于两位广播对话节目主持人公开支持降低燃油税，因此，他们的谈话被视为政治性宣传，也就是说，他们必须遵守竞选开支规定的制约。按照裁决，在投票前，两位主持人每周就这一问题进行的谈话时间不得超过 15 分钟。但截至创作本书时为止，他们一直拒绝执行州最高法庭作出的这项裁决。

竞选支出大增源于政府的膨胀

1976 – 2006 年，对于参加众议院和参议院竞选的候选人，人均联邦竞选支出分别增长了 110% 和 152%。而美国的同期人均收入却只增长了 46%。尽管竞选开支增长得如此迅速令人瞠目结舌，但在针对这一问题的公开辩论中，却极少有人提到这种开支暴涨背后的真实原因：竞选支出越来越多，是因为美国政府规模越来越大。

而竞选开支的上涨又引发一系列的改革需求，从竞选支出到选举活动的公共融资，无一不将面临更加严格的限制。而对“过度”竞选开支的担心，也不再局限于美国政府。自《麦凯恩·法因戈尔德法案》通过以来，很多州均通过了相关的竞选财务规定，限制本州政治党派接受捐款以及候选人接受党派、个人、公司或协会的捐款。

所有这些旨在削减竞选开支的提议，无一不忽略了问题的根源。竞选支出持续增长的原因在于，美国政府对经济的掌控日趋广泛，日渐深入；美国政府参与得越多，候选人当选的费用也就越高。100年以前，美国政府的支出还只有GDP的2%～3%。而政府开支对普通公众的影响也不像现在这么直接。可到今日，美国政府的开支已经达到了GDP的20%左右，因此，在推选这个大钱包的管家时，我们当然应考虑更多的事情。

在20世纪70－90年代的竞选支出增长中，近90%源于美国政府开支的增长。在各州的层面上，人均政府开支的最快增长也和人均竞选支出最高的增长率相互匹配。实际上，在各州的立法及州长竞选支出中，州政府支出增长竟然占80%。

这些人似乎对政府的日益膨胀视而不见，自然，他们会极力主张限制竞选开支以及对候选人的捐款额，这样的做法应该不会让我们感到意外。但事实已经告诉我们，片面强调限制竞选资金的举措，已经带来了不可忽视的弊端。竞选财务管制的做法，根本就不可能真正减少竞选费用；它们只不过改变了捐款人捐款的渠道而已。

在竞选财务法的限制下，捐款人不再把钱直接交给候选人，而是通过政治活动委员会(PACs)周转。在极力鼓吹竞选财务改革的倡导者眼里，这些政治活动委员会往往被描绘成恶意破坏政治体系的“特殊利益群体”。当竞选财务改革法案在20世纪70年代通过之后，这些所谓的“特殊利益群体”开始迅速滋生蔓延，在某些情况下，它们甚至被视为刻意规避竞选财务管制的中介。这种情况在近几年尤为突出：一种不受诸多竞选财务管制的特殊政治活动群体，所谓的527群体（依据美国《国内收入法》第527节成立的免税组织，该组织可以通过不受限制的软钱捐赠赞助各种竞选。——译者注）正如雨后春笋般地涌入政坛。

毫无疑问，PACs的大量涌现不过是竞选财务管制的自然反应。任何人都想参与政治活动，支持他们喜欢的候选人。但是，当新的管制措施压制了这种欲望时，人们就会另辟蹊径。通常，如果能有所选择的话，捐款人更喜欢把钱直接交给候选人，而不是通过PACs或是527群体这样的中介。《麦凯恩·法因戈尔德法案》在很大程度上制约了利益群体及其所支持候选人之间的协调，因此，向候选人直接捐款显然更有效。但是，在直接向候选人捐款被限制的情况下，捐款人的选择空间就很小；在迫不得已的情况下，他们就只能去支持PACs和527群体。

但事与愿违的是，竞选财务管制不仅对政选资金的投入束手无策，反倒是成全了PACs和527群体。这一点在亿万富翁乔治·索罗斯身上表现得淋漓尽致：他为推行竞选财务改革投入了近1 800万美元资金。但是，《麦凯恩·法因戈尔德法案》的实行却并没有让索罗斯的资金远离政治。相反，他又把数千万美元交给了各种各样不受管制的PACs和527群体，其中包括Moveon.org和America Coming Together (ACT)。这些群体接管了以往政党所控制的很多竞选职能，比如说推广宣传和选举动员等活动。仅在2004年选举中，ACT筹集并支出的资金就高达2亿美元。

索罗斯的做法让我们看到，即便是在《麦凯恩·法因戈尔德法案》实行之后，流入政治选举的资金依然如故，即使是那些竞选财务改革的推崇者们也概莫能外。纵是有所变化，也不过是换汤不换药：不再直接捐赠给政党或是个别候选人，而是让捐赠通过效率相对较低的非政党组织，变相成为竞选资金。

竞选财务管制让PACs和527群体成了政治生活的主角，这又带来了一种常为我们忽视的破坏性结果：它提高了负面政治广告(Negative ads，为争取选民投自己的票，而通过广告宣传攻击竞选对手人格或从政表现的宣传广告，目的在于丑化对方。——译者注）的数量和密度。政治评论员和报刊编辑时常抱怨，负面竞选广告的泛滥激发了民众的愤懑和不满，从而降低了选民投票率。例如，就在2006年11月选举开始前，CBS(Columbia Broad-casting System，简称CBS 。哥伦比亚广播公司。美国三大商业广播电视公司之一，经费来自广告广播收入。公司总部设在纽约。——译者注）还在哀叹："我们不得不看的负面广告如此之多，已经让这个政治季节创造了新纪录。" 但是，这样的评论往往容易忽略负面广告增长与竞选财务改革之间的关系。迫于竞选财务限制的压力，尤其是《麦凯恩·法因戈尔德法案》，候选人不得不把制作负面广告的责任交给独立的PACs和527群体。由于这些群体根本就不在乎负面广告带来的社会反响，因此，与候选人自己相比，他们更有可能肆无忌惮地制作和散布这类广告，比如说，一个由PACs赞助的广告极富攻击性，并造成了非常恶劣的社会影响，此时，广告所支持的候选人就可以声称，自己与广告或是广告制作方毫无干系。但是，假如由候选人自己的人员来制作这类诋毁性广告的话，他们就很难用这样的观点为自己辩护。

527群体仍允许公民以间接方式向他们支持的候选人捐款，这多少有点让竞选财务的改革家郁闷不已，于是，他们又设立新的法规来制约这些组织的活动，例如2005年的《527改革法案》*(527 Reform Act)*。但即便这些方案通过，改革也不可能阻止流入政治活动的资金；它们只不过是再次改变了这些钱的流通路径而已。在注意到某些利益群体近期收购电视台或广播电台的情况之后，全国步枪协会(National

Rifle Association，简称 NRA。——译者注）预测了这些组织对限制性法规可能采取的对策：他们很可能会以媒体机构的身份，来逃避五花八门的竞选财务规定。

在竞选开支继续高速增长的同时，我们还应对总体数字有一个清醒的认识。2004 年，参议院、众议院和总统选举的全部支出为 21.7 亿美元，而美国政府的总支出则是 2.23 万亿美元。由此可见，竞选费用的总额仅仅相当于美国政府开支的千分之一。与每年几万亿美元的开销相比，如何分配几十亿美元又有什么意义呢？我们更应期待越来越多的人参与进来，多花掉一点钱去选择真正能帮我们用好几十万亿美元的人选。但是，至于那些认为这 21.7 亿美元的花销不可容忍的人，不妨思考一下：就在这一年，宝洁公司在广告宣传方面的支出就高达 39 亿美元。

双重给予的神话

在大多数人心目中，钱权交易最经典的表现形式之一就是“双重给予”现象，捐款人向竞选双方同时捐款，使当选一方总能成为自己的债务人。

从媒体文章以及各利益群体的报告中，我们似乎不难看出，双重给予现象是一种极为普遍、玩世不恭的做法，它深刻揭示出竞选财务改革的紧迫性。2006 年 8 月，美联社在一篇名为《在州长竞选中，无须选择哪一方，双方同时成为某些捐款人的捐款对象》（*No need to choose sides*，*some donors give to both gubernatorial candidates*）的文章中指出，这种做法“并非什么难得一见的事情”。政治回应中心（Center for Responsive Politics，一个研究美国政治捐款情况的非政府机构。——译者注）认为：“PACs 的双重给予是实用主义政治投资的一个典型事例。它表明，政治捐款的背后几乎已经没有政治理念可言。他们只是想从获胜者身上获得立法上的回报。”根据一家竞选财务改革的推广性组织，“公共竞选”(Public Campaign)进行的研究：“出现在几位总统候选人捐款人名单的57家公司和机构，每家的捐款数额至少不低于5万美元。其中，45家公司全盘参与，他们的名字出现在所有4位领先的候选人的捐款人名单上。”

这似乎有点讽刺的意味。事实上，可能并没有多少捐款人真正相信：民主党和共和党在对峙中确实难分伯仲。即便真是这样的话，捐赠人为什么还要同时向双方候选人捐款，而不是把钱用到对峙双方差距明显的其他竞选中去呢？这难道不是在拿自己的钱开玩笑吗？双重给予的唯一解释也许就是为自己造势，扩大自身影响力。

但是，双重给予的整体状况仍完全是个谜。事实上，在任何联邦层次的竞选中，企业都不可能采取双重给予的方式，因为法律禁止他们以任何方式对参议院、众议院和总统竞选的候选人进行捐款。很多州的选举也存在类似的限制性规定。

在联邦竞选中，很多所谓的“企业”捐赠，实际不过是部分员工捐赠的总和而已，至于为什么我们会认为企业员工是在同时向竞选双方进行捐赠，最符合逻辑的解释就是：在大多数企业，员工既有民主党支持者，又有共和党支持者。

至于PACs，它们几乎从来就不会涉足双重给予。保守派胜利基金(Conservative Victory Fund)的朗·皮尔森(Ron Pearson)指出：“我还真想不出这种事情，我曾经认真研究过保守派PACs向几个候选人同时捐款的情况。”同样，美国医学会(American Medical Association)的安·莫里(Anne Murry)认为：“我不能百分之百地肯定，我们从来没有做过这样的事，但假如我们真的那样做的话，肯定会让人感到不可思议，不合常理。”实际上，我们有足够的理由认为，双重给予是“不可思议、不合常理”的。全国退休联邦雇员协会 (The National Association of Retired Federal Employee) 政治行动委员会的克里斯·法雷尔 (Chris Farrell) 认为：“同时向竞选中的双方候选人捐款，和没有做任何捐款完全一样。”从表面上看，双重给予的目的，是确保不论哪方获胜，获胜的一方都会对捐款人感激不尽，但我们很难想象，候选人到底会怎样看待给竞争对手捐款的恩人呢？正如法瑞尔所言：“我们总不至于认为候选人是傻子吧？”

即使是 PACs 为数不多的双重给予，也并非出于竞选财务改革支持者宣扬的那些愤世嫉俗之故。美国出庭律师协会 (Association of Trial Lawyers of American affirms) 的玛丽安·卡平斯基 (Mary Ann Karpinsky) 重申，就参与双重给予的概率而言，她所在的组织最多也“不过千分之一而已”，“即便这一次的特例，还是出现在落选候选人为该组织成员的情况”。与此类似的是，全国寿险协会 (National Association of Life Underwriters) 政治行动委员会的吉姆·托宾 (Jim Tobin) 也提出了同样的证据：在他所在的组织，涉及双重给予的情况“极为罕见”，出现的频率“不超过 1%，个别情况下也许会达到 2%”。这种情况一般只出现在“本组织成员参加议会竞选，尽管获胜概率微乎其微，但我们认为有义务向他提供资金，唯有这样，才能鼓励其他成员继续参加竞选。”

我曾经就这一问题采访过很多大型政治行动委员会的代表。大多数机构都严格禁止双重给予的做法；即便是在极特殊的，进行双重给予的情况下，基本也是因为候选人之一是该机构的成员。无论是商会型、企业型、政治宣传型还是工会性质的 PACs，大多符合这种情况。

既然如此，这个广为传播的双重给予神话到底从何而来呢？归根结底，还是源于对数据的不合理运用，如前所述，把企业捐款归结为公司本身捐款，而不是员工捐款。此外，当 PACs 同时向民主党和共和党初选捐款时，也常被误解为双重给予。但这事实上根本就不属于双重给予，因此就更没必要大惊小怪，冷嘲热讽；PACs只是想支持与己方立场基本接近的双方党派候选人。即使是在这种情况下，如果PACs所支持的候选人在双方党派的初选中均告胜利，PACs一般也会在普选中把捐款限制到一个候选人身上。不幸的是，如此草率的归纳滋生了一种对整个政治体系的敌意，进而催生了对新的竞选财务法律的要求，而这些法律所带来的问题，却远超过它所能解决的问题。

名誉扫地的代价

星期一，泰科国际公司前首席执行官丹尼斯·科兹洛夫斯基(Dennis Kozlowski)和前财务总监马克·斯沃茨(Mark H.Swartz)因利用职权挪用巨额公款近6亿美元，被美国纽约地方法院分别判处8年零4个月以及25年的监禁，他们利用这些巨款举办豪华宴会，购置豪宅和奢侈生活用品，例如，他们居然用6 000美元购买一条高档浴帘。

在这个看似象征企业贪婪的案例中，纽约州最高法院法官迈克尔·J. 奥布斯(Michael J. Obus)还判定，科兹洛夫斯基和斯沃茨分别交纳近2.4亿美元的罚款和赔偿金。科兹洛夫斯基和斯沃茨马上锒铛入狱，当他们戴着手铐走出座无虚席的法庭时，两个昔日强人的家人泣不成声。他们很有可能在纽约最森严的州立监狱中度过自己的余生。

——《华盛顿邮报》(*Washington Post*)

对于我们的司法审判系统，最常听到的抱怨就是嫌贫爱富。在大多数人看来，富人能聘请收费高昂的律师，因而能“买到”对自己有利的判决，至少是在被判有罪的情况下，获得最轻的量刑。极少有人会否认，有钱的被告肯定会比贫困的被告更占优势。但是，当我们分析犯罪审判的总体结果时，就会发现一个令人难以置信的现象：有钱的罪犯往往要面对相对更严厉的处罚。

当人们想到犯罪所接受的处罚时，往往只关注刑期。但经济处罚也不能不考虑，比如说罚款、返还以及律师费等。但是对很多获刑的罪犯来说，最难以忍受的惩罚，却是另一样东西——名誉损失。正是这种名誉损失，才是这些富人为罪行付出的真正代价。

我们可以看看通过两个假设对象得到的统计数字吧。1984 年的时候，吉姆担任银行出纳员的年收入为 1.7 万美元，而布兰顿在同一家银行担任经理的年收入则是 8.2 万美元。除了工作职位和收入之外，假设两个人在其他方面完全相同，都是单身，40 岁，来自加利福尼亚州，白种男性，无任何犯罪记录。同时，我们还假设两个人均因同种罪行而被起诉，挪用银行资金超过 35 万美元，这也是同类犯罪的平均数字。

根据统计情况，他们的刑期应极为接近，但最终的结果却是，吉姆在监狱里呆了 5 周，而条件更优越的布兰顿却仅仅被监禁了不到 5 天时间。

但是，较短的刑期仅是财富给他的唯一好处。从不利的方面看，布兰顿所面临的经济处罚将远远超过吉姆。布兰顿罚款 4 000 美元，相比之下，吉姆的罚款却只有 1 700 美元，但这仅仅是这场梦魇的序幕。更大的损失则是重返工作岗位之后的收入损失。等待吉姆的是，收入从判刑前的 1.7 万美元减少到 1 万美元，而布兰顿的收入却从 8.2 万美元直落到 4 700 美元。令人不可思议的是，在假设各种社会和人口因素保持不同的情况下，富有受刑人的刑后收入居然低于贫困的受刑人。

这种收入锐减在最富有的受刑人身上体现得更为突出。在 1984 年和 1985 年，被指控从事内部交易的一般人，在判刑前的平均年收入为 36.5 万美元，而在缓刑或假释最后一年的年收入却只有 1.4 万美元。如果说律师费用和罚款还不足以让他们破产的话，大约 2/3 的白领犯罪人均告离婚，并且 90% 以上的财产被配偶席卷一空，这样的惩罚足以让他们追悔莫及。（如配偶一方被判处重罪的话，不适用一般的财产分割规定。——译者注）

为什么判刑会让企业高管的收入大幅骤减呢？首先，在他们服刑完毕之后，基本不太可能重新取得同事的信任，因而也很难恢复以前的职位。尽管股东有权监督公司高管的活动，但是他们不可能监督高管的所有决策。因此，他们必须在一定程度上依靠高管的诚信。因为等到股东意识到腐败问题的存在时，一切都为时已晚。当 CEO 对公司的不忠大白于天下之时，他很有可能已经侵吞了大量的公司财产，或是已经给公司造成了无法挽回的巨大损失。

正是出于这个原因，企业才对高层管理者的诚信度给予高度关注。

少数高管的不忠，让安然、Adelphia(美国第六大有线电视运营商，其创始人及前首席财务官被判做假账。——译者注)、泰科 (Tyco)、Imclone(美国一家生物科技公司。——译者注) 以及世通 (WorldCom) 等大公司遭受了灭顶之灾，他们付出的惨重代价让所有美国人都痛心疾首。尽管这些丑闻似乎让公众草木皆兵，但是在美国的 11 000 多家上市公司中，绝大多数并没有因高管的罪过而被搞得狼狈不堪。股东总要想方设法找到值得信赖的人去管理企业，因为这是他们的利益所在。

这就意味着，在雇佣任何有犯罪记录的员工时，他们肯定会犹豫再三。要隐瞒犯罪记录并不容易，因为缓刑或是假释观察期往往要持续几年时间，而且雇主还必须向主管监察人提交该员工的表现报告。富人要掩盖其犯罪记录就更加难上加难，一个人越富有，越有地位，他所接受的犯罪审判就越受人关注，因此，人们也就更容易通过互联网搜索引擎之类的载体得知其犯罪经历。

服刑后依然能保住高收入职位的富有受刑人并不多见，但是，即使是在这几个屈指可数的特例中，真正成功的人更是寥寥无几。罗伯特·麦克克里斯（Robert McCries）曾对接受起诉或判决的内部交易人进行了研究，他指出，“有些人确实又回到了证券行业，但他们永远也无法再现昔日辉煌。一旦重新进入本业，他们马上就会发现，这个环境已不再美好与友善。在这种情况下，他们大多会一事无成，在经过一段如此抑郁不堪的时间之后，他们的唯一选择就是主动退出……每个人都像逃避瘟疫一样躲避他们……既然我们可以有那么多的同路人，为什么一定要选择与这样的人为伍呢？这就是他们所面对的残酷现实，也是我们必须解答的质疑。”

但是，与有犯罪前科的低收入者相比，富有的受刑者的收入为什么会下降得更多呢？这是因为，富有的受刑人不仅会失去高收入工作，而且还会更难找到低收入工作。假设有一位业绩出色的律师受到犯罪指控而被禁止执业。由于有犯罪记录而找不到其他高收入的工作，于是，他只好找一份蓝领工作赖以维生。那么，老板会怎样看待他的应聘呢？最有可能的情况是，他们会认为让这位昔日业绩不菲的律师做这种工作，本身就是大材小用，而且他很快就会对工作产生厌倦情绪，即使雇佣他，他也会继续寻找其他收入更高的工作。作为一名律师所拥有的声望和阅历，这也正是让他的简历显得与众不同的原因，最终反倒适得其反。如果老板一定要在两个同样有犯罪记录的应聘者之间选择一名手工工人，他宁愿选择有过体力劳动经历的人，而不会考虑拥有更高资历的应聘者。在罗伯特·切斯特（Robert Chestman）的案例中，这位股票经纪人被指控从事内部交易，刑满释放后，由于无法找到工作，居然回到监狱要求继续服刑。

再来看看彼得·巴卡诺维奇（Peter Bacanovic）的命运，他是20世纪90年代最具轰动性的白领诉讼案件——玛莎·斯图尔特（Martha

Stewart) 案例的关键人物。巴卡诺维奇是萨穆·瓦克塞尔 (Samuel Waksal) 和玛莎·斯图尔特的股票经纪人，前者是 ImClone 系统公司的前董事长兼首席执行官，玛莎·斯图尔特生活全媒体公司 (Martha Stewart Living Omnimedia) 的主席和 CEO，也是瓦克塞尔的好友。由于美国食品及药物管理局 (FDA) 拒绝批准 ImClone 研发的一种关键性药物，而瓦克塞尔及其女儿则在 FDA 的决定公布于众之前就抛售了 ImClone 的股票。在从巴卡诺维奇口中得到瓦克塞尔抛售股票的消息之后，斯图尔特也卖掉了持有的 ImClone 的股票。尽管瓦克塞尔因从事内部交易被判入狱服刑 7 年，但巴卡诺维奇和斯图尔特却未因这项貌似合法的交易而被起诉。但是，两人后来都承认向法庭提供伪证。

巴卡诺维奇被判处 6 个月入狱服刑和 6 个月的禁闭在家。这项判决受到媒体的广泛关注，但这些报道却极少涉及因身败名裂而招致的惩罚。2002 年 10 月 22 日，在第一次被提起指控时，美林证券就作出了开除巴卡诺维奇的决定，他在此之后的 4 年中一直失业在家。此外，巴卡诺维奇重操旧业的可能性为零，因为他已经被终生禁止从事与证券经纪以及投资咨询相关的任何职业。至于能否获得其他的执业许可，同样也不确定。尽管证券欺诈只给他带来了 510 美元的收益，但是，他为此付出的刑事及民事罚款总额却高达 79 645 美元。

巴卡诺维奇这个案例告诉我们，如果一个人被判处犯罪，失业就几乎成为必然的命运。实际上，2006 年的杜克大学长曲棍球队队员强奸案则表明，这种情况不仅局限于公司。2006 年 4 月和 5 月，杜克大学长曲棍球队的 3 名队员被指控在一场校外派对上强奸了一名脱衣舞女。尽管 3 名队员对此坚决予以否认，根据受害者的陈述与 DNA 检验的结果，地区检查官迈克·尼丰 (Mike Nifong) 提交了不当行为的大量证据，最终，杜克大学对其中的 2 人作出了停学处罚，(第三名队员已毕业。) 这是杜克大学处理犯重罪学生的通常方式。停学似乎遥遥无期，因为直到提起诉讼的一年之后，还没有一丝开庭审判的迹象。与此同时，由于名声扫地，这些被停学的运动员转到其他名牌大学的希望也近乎于零。其中一名运动员，大卫·埃文斯原本已经在JP摩根找到职位，但也因此被拒之门外。2007年1月，北卡州律师协会(North Carolina State Bar Association)以对杜克大学长曲棍球球员强奸案处理不当，吊销了迈克·尼丰的法律执照，另一方面，杜克大学批准这两名运动员重新入校。这个案例凸现出的问题是，尽管法庭还没有定罪，但学校却和公司一样，不假思索地开除那些名声受损的学生或雇员。

纵然不是名人显贵或是高校学生，也一样会因犯罪而身败名裂。1979年，土木工程师克里珊·泰亚(Krishan Tancja)因交易非法的小道股票消息而被判处监禁6个月。出狱之后，先与妻子离婚，后被老板拒绝留用。在走投无路之迹，他曾经先后申请过股票经纪人、房地产代理人以及保险销售员的执业资格，但都无功而返。9年之后，人们看到的他，已经是纽约街头上的一名出租车司机。同样，1988年，主持《商业周刊》*(Business Week)* 每日市场报道节目的“鲁迪”鲁德曼(S.G. Ruderman)，因传播未披露内部股票交易的消息而被判有罪。在出狱后的一年半时间里，他一直在纽约威斯特小镇的广播电台兼职播报新闻。在熬过了这段节衣缩食的日子之后，鲁德曼开始靠妻子维持生计。

除了收入和工作上的损失之外，其他经济处罚对有犯罪前科者的影响，也很有可能是对富人的影响高于穷人。这些处罚包括禁止继承财产、剥夺部分或全部财产、不得购买寿险或汽车保险，以及养老金方面的损失，比如说，停止向已退休获刑者继续支付养老金。事实上，美国参议院总统特别任务小组(Presidential Task Force)就曾经强调过这些间接性附带处罚的重要性，并对犯罪惩罚中出现的不平等现象表示关注。当然，不管这些拥有犯罪前科的人经济地位如何，他们所承受的任何惩罚都不及选举权、抚养权以及担任陪审员、公务员和拥有武器权等某些权利的丧失来得严重。

因此，我们可以看到，从名誉受损的角度来看，同样的犯罪行为往往要导致富人比穷人面对更为严厉的处罚。但是，因为没有几个人愿意顶着同情白领犯罪的名声，所以在各种针对司法审判公正性的公开辩论中，也很少有人提及声誉上的处罚。

声誉：企业诚实的动力所在

> 21世纪最初几年的公司丑闻就是最好的证明。安然公司暗箱操作、做假账以及操纵能源市场。为了抬高本公司的股票价格，世通公司（WorldCom）和环球电讯公司（Global Crossing）虚报了数十亿美元的收入……采取这种做法的人，尤其是当他们处于高端金融领域的时候，通常会这样为自己辩解：“别人都这么做。”事实可能确实如此。信息犯罪的一个特点就是：犯罪者的罪行很少被发现。
>
> ——《魔鬼经济学》

在上面的这段引文中，列维特和都伯纳认为企业的欺诈行为无处不在，但他们又认为，这些行为很难被人们发现。因此，他们也许应该原谅读者提出这样的问题：既然很难发现这些不轨行为，他们又怎么知道这些行为无处不在呢？这样的说法只能表明，他们只是想当然，换句话说，根本就无法证明。实际上，这根本无法证伪。

当人们普遍相信企业欺诈行为四处泛滥之时，自然会带来现实的后果，因为它造成了一种对政府政策实施变革的压力。对企业欺诈行为处罚过轻的普遍性观点，导致美国量刑委员会于1991年对企业欺诈处罚的平均力度提高了20%。早在20世纪80年代末，我在担任量刑委员会首席经济学家时就曾对此予以坚决反对，但也仅仅是推迟了它实行的日期而已。

与企业欺诈对顾客造成的损失相比，当时的处罚似乎过轻。在 20 世纪 80 年代末，半数针对企业欺诈的处罚不及顾客损失的 50%，而平均罚款金额也只相当于顾客损失的 75%。与环境污染等其他企业犯罪行为相比，其处罚力度更显得过松，半数针对环境污染犯罪的罚款金额会达到甚至超过损失金额的 3.7 倍。

但是，与华盛顿大学金融学教授乔纳森 · 卡尔波夫 (Jonathan Karpoff) 一起进行的研究让我深信：相对于环境犯罪等其他违法行为，为企业欺诈行为制定较轻的处罚有充分的经济学理由。一旦被指控为欺诈犯罪，公司就会面临与声誉损失相关的间接处罚。而这种声誉上的惩罚却不适用于其他类型的企业犯罪。当公司欺骗顾客或是不能兑现承诺时，顾客就会不再购买他的产品，或是要求以降价来弥补由此带来的额外风险。相比之下，除了少数极端激进的活动家之外，大多数顾客同样也不会因公司被裁定环境犯罪，或是其他不直接影响产品质量的类似犯罪而拒绝购买其产品。

即便在宣判前，公司因被指控犯罪而遭受声誉损失，这也会对公司招来致命打击。在 20 世纪 80 年代，对那些被指控犯有欺诈行为的公司，其市场价值下跌了 6 100 万美元。从平均水平上看，仅有 6.5% 的贬值归结于律师费用，1.4% 是处罚和罚款。而其余损失应该全部属于收入和利润的减少。与此形成鲜明对比的是，对于那些被指控犯有污染环境罪行的公司，其股票价格的下跌，几乎可以全部归结于律师费和罚款。从根本上说，声誉处罚对于环境犯罪而言是不存在的。人们也许不喜欢听到一家公司污染了环境，但是就总体情况看，他们不太可能因为环保方面的过失而拒绝购买这家公司的产品。

因此，抑制环境犯罪的主要动力还是来自于法律处罚，而不是声誉损失。但企业欺诈行为却并非如此。如前所述，当企业欺诈行为的处罚力度增加 20% 时，美国政府对欺诈行为的平均处罚力度却只有顾客损失的 75%。如果把经济处罚和表现为销售额、利润和股票价格下跌形式的声誉损失结合到一起，我们就会发现，因被指控欺诈而招致的平均总处罚损失，将是顾客损失的 11.5 倍。

这绝对不仅仅是学术上的哗众取宠；如果把企业欺诈行为的处罚力度提高到一个不适当的水平，很有可能会损害顾客利益并殃及经济本身。巨大的欺诈处罚将迫使企业把更多的钱花在产品质量保证上。一方面，每个人都非常强调产品质量保证的程度；另一方面，并非每个人都想为此支付更高价格。每个人在日常生活所能接受的风险程度都不一样，同样，不同顾客对获取这种保证所愿支付的价钱也不一样。如果一个人希望以最大限度保证汽车能达到应有性能，那么，他就甘愿倾其所有购买一辆新的雷萨克斯 (Lexus) 车；但对某些人来说，价格却比质量保证更重要，他们宁愿承受着汽车出故障的风险，也不愿意支付过高价格。当企业为了避免欺诈性处罚而提高质量保证程度时，价格自然也会随之上涨。假设所有公司都必须保证自己生产的汽车能达到雷萨克斯汽车的质量，因欺诈而引起的指控必然会减少，但却会让很多顾客因价格上涨而买不起汽车。

除了欺诈案件之外，声誉因素在经营管理的其他方面也表现出意想不到的影响。不妨看一个日常生活中经常遇到的例子，加油站的连锁经营。连锁经营大多能达到良好效果，因为利润高低直接影响到业主利益，因此，他们不可能坐在公司总部发号施令，而是经常亲临现场，监督检查加油站的运营情况。当然，经营良好的连锁店，还可以让许可公司声名大振，让代表这个连锁加盟体系的标志成为顾客心目中的高品质象征。

那么，为什么并非所有加油站都采用连锁经营方式呢？只要看看那些公司不喜欢实行连锁经营的地点，答案就不言自明了。在没有回头客的地方，比如说高速公路上，公司总部往往会采取直接设立加油站的经营方式。在这里设立连锁加油站带来的问题是，即使是心满意足的顾客也不太可能重新光顾，因此，业主也就没有兴趣经营这项业务了。相反，如果顾客在这里受骗或是接受劣质服务，他们就有可能不再光顾其他地方的连锁店，因而破坏了带有相同连锁标志的整个连锁体系。但被许可人却并没有因为自己的劣质服务而承受多少损失。

在社会中，声誉的作用虽然往往不为所知，但却至关重要。纵然重大的企业和政治丑闻此起彼伏，但是对声誉的关心必定会促使企业忠诚守信；正如我们所看到的那样，名誉损失很有可能让一家企业、一个政治家或是一个人的前途毁于一旦。只要这种压力依旧存在，声誉就将继续让自由市场经济长盛不衰。

第3章

政府：无为乃大

Government as Nirvana

政府真的能用制度和规定，为社会维护公平，为经济建立秩序吗？“公平”的政府补贴为什么会遭遇尴尬？政府僵化的“执业许可”是否成了众多人才入行的障碍？

一旦认定市场运行不够完美，人们往往就会求助于政府干预。这其中隐含的意义在于：两者之间形成鲜明对比，一方面，市场的实际运作方式漏洞百出；另一方面，政府则以近乎超凡脱俗的方式让市场变得完美无暇。那么，自由市场是否会出现扭曲和失真呢？当然会。市场本身并非一尘不染，尽善尽美，这一点是任何人都不能否认的。但是，揭露市场的非完美性，和证明通过政府干预可以缓解甚至是解决这种非完美性，两者之间却存在着天壤之别。事实上，和我们在完全竞争市场中所看到的理想境遇相比，政府对经济的参与有时候招致更严重的、无效的、不公平的甚至是掠夺性的行为。

来吧，来搭便车吧

美国最常见的政府干预方式就是通过补贴来鼓励某些经济行为。在这，我们不妨回忆一下前面谈到的汽车防盗装置——路捷。很多人认为，因为盗贼担心所有汽车都有可能安装路捷，这就会导致总体被盗率下降，由此而形成的社会效益，将远超过个别路捷用户所能实现的个体收益。但要充分实现这种社会效益，汽车制造商就必须在足够数量的汽车上安装这种防盗装置，为此，美国政府就需要对这些制造商进行补贴。与此同时，补贴的支持者还以这样的论点辩解：迫使保险公司为使用路捷的人提供折扣价，这也是合情合理的。

但是，反方论点同样也不容忽视。保时捷可以在自己生产的汽车上安装路捷，从而为顾客解决这个问题，这样，盗贼就会尽可能地不去偷保时捷，于是，其他所有类型汽车的被盗率都会上升。这必然会损害那些非保时捷驾驶者的利益。因此，保时捷不仅不应为安装路捷而得到补贴，反而应为此交纳更高税赋。

在这里，我们可以看到，本应课税时却实行补贴，反而比袖手旁观更糟糕。首先，如果我们给一种有害的行为提供补贴，就是在鼓励这种行为；如果对一种有益行为施行课税，就是在压制这种行为。另外，当税赋或是补贴太多或太少时，就会造成市场扭曲。吸烟也许有害健康，但对烟草征收畸高的税赋，反而会给烟草创造一个黑市。同样，种植小麦也许是一个国家生存的基础，但过度补贴却有可能诱使农民不再种植其他农作物。在路捷这个例子中，如果它对汽车被盗率的影响并不像汽车制造商、保险公司或是近期学术研究所证明的那样，那么，就不应该对这种产品提供任何特殊补贴或征收额外税赋。

尽管路捷的好处是可以验证的，合理补贴额也可以精确计算，但这里还有另一个问题：是否应该信任美国政府能批准合适的补贴。代表路捷生产地的政客肯定会赞同远超过合理数量的补贴额，而代表其竞争对手的政客则更有可能想方设法地减少政府资助。

私人枪支也是这种情况。那些获准可携带枪支的人，可以防止他人袭击自己的住所，因为罪犯担心的是，任何被攻击对象都有可能持有枪支。既然允许个人持枪具有这种社会效益，美国政府似乎就应该对此提供补贴。但是和大多数政府补贴一样，这里的问题同样在于，我们很难计算出多少补贴才算合适。虽然社会效益似乎显而易见，但是，要计算出这个补贴的适当数量，不仅需要对不允许个人持枪情况下的犯罪发生率作出复杂的估计，还要计算出在未发生此类犯罪的情况下所消耗的货币成本和社会成本。需要记住的是，起草这些规定的政客和公务员，很少是他们所监管领域内的专家。在个人持枪这个问题上，所有州都不鼓励，通过收取远超出单纯行政管理费的强制性登记费，来发放私人枪支许可证，也就是说，持枪证不仅得不到补贴，事实上还要纳税。

路捷和持枪法之间还有一个相同点。有些州允许本州居民在公开场合下持枪。这当然有利于保护持枪者自己的人身安全，明知对方持枪还要对其实施暴力，这样的罪犯恐怕不会太多。但公开携带枪支却不可能产生社会效益。尽管公开持枪的规定可以保护持枪者自己不受犯罪分子的攻击，但罪犯也有可能只选择那些非持枪对象实施犯罪，这就如同只在保时捷上安装路捷，注定会鼓励罪犯偷盗其他车辆一样。因此，尽管公开持枪能让持枪者本人受益，但却有可能增加非持枪者的受攻击概率。

至于对具有社会效应的产品或措施实施补贴，已故经济学家米尔顿·弗里德曼进一步指出其复杂性：政府补贴往往根本就不具有必要性，因为即使没有政府干预，人们也会有充分的动机去从事某种有利于自己的行为。弗里德曼的例子是教育。我们假设，到一个学生升入中学时，教育已给他带来了积极有利的影响，比如说，树立民主意识和避免犯罪。这也许可以说明，应该对教育实施补贴，因为普及和增加全民教育有助于加强民主意识和减少犯罪，从而有益于整个社会。但是，教育还具有私人化的个体价值，因为它有利于一个学生未来的就业。正如弗里德曼所指出的，既然学生上学可以让个人受益，因此，即使没有政府补贴，我们也能收获教育所带来的社会价值。

针对政府补贴的辩论与经济学中的“搭便车问题”有着异曲同工之处。“搭便车”的含义是：一个人为明显有益于他人的事情花费时间和金钱，但其他受益人却不需要为此支付成本，或支付成本明显低于其受益。因为每个人都想依赖其他人的行为而无偿受益，于是，“搭便车”必然会导致公益行为的减少。因此，这就需要以政府补贴形式来鼓励这种具有社会效应的行为。这个道理不仅适用于路捷这样预防犯罪的手段，同样也适用于慈善性捐赠以及志愿者活动之类的行为，在某些情况下，可以通过减少税收对这些行为实现有效的补贴。

在“搭便车”问题上，存在着两个疑问：他人是否会受益于你的行为？如果是的话，有没有可能阻止他们得到这种好处？当无法将那些从你的行为中受益的人排除在外时，“搭便车”现象就有可能产生。例如，假使路捷真的很有效，那么未安装路捷的车主便会指望窃贼出于怕他安装了这种设备的心理而远离其车。这样，“搭便车”现象就很容易出现。其后，足够多的“搭便车”者就会终止人们购买路捷的行为，从而使得这种社会效益被偷车贼利用，最终荡然无存。

关于“搭便车”的另一个例子出现在收音机较早的发展时期。今天，实际上每个人都理所当然地认为，广告是一种为无线广播融资的明智之举。然而，极少有人会想到，“搭便车”对早期的无线广播而言，似乎是一个难以克服的问题。由于没有人能计算出，应该为许可证支付多少钱，从而，无线广播电台及演艺人员常常不得不从事不收取报酬的工作。在超过 20 年的时间里，广播节目仅主要面向计算机爱好者，还有少数为政府部门传播大众服务。

真的存在着一种让听众付费的方式吗？一些人对此持怀疑态度。1922 年，赫伯特 · 胡佛 (Herbert Hoover) 在就任商业部秘书前发表声明，声称：“我决不相信对于听众而言，有任何现实可行的支付方式。”其他人则认为：无线广播节目的传播，最终将依赖于捐助者设立的基金。然而，没有人可以想到一种办法，能使无线广播仅限于那些提供捐助的人接收。由此，一些人认为这种服务只能由美国政府部门提供。1922 年，《大众音像杂志》(*Popular Radio*) 声称：无线广播“本质上是一项公共设施”。杂志还提议讨论了市区电话线作为销售渠道，把无线广播节目卖给捐赠者。换言之，经由电话系统提供无线广播服务。

接下来发生了什么？个体商户撒手不管而交由政府去经营这个行业？社会是否会因无法解决“搭便车”问题而否认无线广播的益处呢？当然不会。1922 年，AT＆T 最终解决了这个问题：广播公司可以通过出售广告时段来赚钱。我们很难想象：所有私人广播公司都因不知如何赚钱而倒闭。所以说，美国政府没有把广播电台变成补贴型企业，这绝对是一件好事，因为政府根本就不可能像广告商那样有效地分配报酬。

在足够的经济利益激励下，企业总会找到令人难以置信的方式解决“搭便车”问题。而政府补贴却只能瓦解解决问题的动机。例如，很多分析家把养蜂和种植苹果视为“搭便车”现象。苹果的花蜜可以为蜜蜂提供食物，而它们在采集花蜜时，又可以为苹果树授粉。经济学家认为，苹果种植者可以在邻居种植的苹果树那里找到“搭便车”的机会，于是，苹果树会越来越少，最终使蜜蜂可采集的花蜜也越来越有限。但苹果种植人和养蜂人却对此提出了若干解决方案。显然，最简单的办法就是苹果种植人建立自己的养蜂场。但是，张五常（国际知名经济学家，新制度经济学和现代产权经济学的创始人之一，现任香港大学教授、经济金融学院院长。——译者注）认为，更常见的方法是建立一个苹果种植人和养蜂人进行定期交易的市场。在华盛顿州的黄页上，农民可以找到很多提供授粉服务的机构。但尽管有人提出了这个更符合自由市场原则的解决方案，养蜂人仍然以存在“搭便车”的可能性为由，游说美国政府实施蜂蜜价格补贴政策。这项政策的补贴力度在 20 世纪 80 年代初期的时候还很有限，但是到了 1984 年，补贴程度已经达到了一发不可收拾的地步，美国纳税人每年要为此付出 1 亿美元的代价。

政府解决“搭便车”问题的尝试，充分显示了政府在经济上的无能。事实上，我们早已经对此习以为常，以至于往往会用不同标准来评价私人支出和公共支出。例如，如果边际成本能得到买方的认可（增加单位产品而带来的收入增加称为边际收益；成本的增加称为边际成本。边际收益小于边际成本的时候，就会进入亏损状态。——译者注），经济学家就认为私人市场是有效的。但是对政府支出又当作何评价呢？只要看看总体纳税的情况就可以了：在美国，收入最高的前 5% 的人群交纳了全部税收收入的 57%，而收入最低的后 50% 的人群却只贡献了 3.3%。在民主社会里，和那些提供了绝大部分政府收入的人相比，对政府收入贡献最小的群体，反倒可以凭借他们的集体投票权，更有资格决定政府怎样花钱。当然，这并不是说，大额纳税人的投票比重就一定要超过小额纳税人，而是告诉我们，政府支出效率不高，毕竟那些为政府服务出钱的人，并不是那些决定怎样花钱的人。

这也许有助于我们解释政府干预往往无效的原因。在私人市场中，我们不可能让顾客支付高于其预期的价格。如果要价太高，他们肯定要说“不”。但对美国政府却不存在这样的限制，因为它生存的基础是税收。税收是强制的，即便购买同样的东西，政府支付的价格高于你认可的价值，你也无法因此而拒绝纳税。

不妨以美国政府的洪水保险计划为例。它们不同于按所承受风险程度而收费的传统私人险种。私人保险公司必须使保费水平与风险水平紧密相关，否则，他们很快就会陷入破产境地。如果收费太高，顾客会另寻卖主，但保费太低则赔钱。虽然这种情况在近几年有所改善，但是在以往的几十年里，美国政府保险计划的收费水平却从不因人而异，对所有人都实行统一费率，而不考虑风险水平。无论是住在沿海滩头，还是沙漠中央，美国政府均对被保险人收取相同保费。早在 2005 年 6 月 25 日，美国国会研究处就提出了“重复性损失问题”(repetitive loss problem)，即由于支付的保费费率完全一样，于是，居住在高洪水风险地区的被保险人会选择在原地重复建房，他们的目的就是让洪水冲走房子，然后获取保险赔偿。《今日美国》（*USA Today*）也指出，“休斯敦有一处价值 114 480 美元的房产，曾先后 16 次被洪水摧毁，总计得到的保险赔偿高达 807 000 美元。”

只有美国政府才能在这样的铺张浪费面前岿然不动，如果一个私人保险公司如此肆意挥霍的话，恐怕早已被市场扫地出门。对此，俄勒冈州民主党议员厄尔 · 布鲁门诺 (Earl Blumenauer) 一语中的：“美国政府是在支持和教唆一种挥霍资源的不可持续的生活方式。”通过这种保费低于成本的保险计划，美国政府就可以让这些被保险人搭上美国纳税人的便车。

很多经济学家都已经指出了这种因美国政府不能正确定价而带来的问题。实际上，对于 20 世纪 80 年代储贷危机中出现的大量破产现象，有些人就一直认为，其背后的原因在于美国政府对高风险银行的储蓄保险收取过低的费率。美国政府的救援行动最终让纳税人又白白扔掉了 1 750 亿美元。

如果说定价过低会造成市场扭曲的话，那么，免费提供服务，这也是美国政府经常做的事情，注定会催生某些不正当的动机。比如说，政府的搜救队在提供搜救服务时通常都不会收费。但搜救工作的费用支出却极为高昂，每天使用直升机的费用就会高达 1 万美元。更糟糕的是，免费援救服务为徒步旅行者和登山爱好者创造了一种动机：去尝试更冒险的行动。2006 年 9 月，为了寻找 3 名在俄勒冈州胡德山 (Mt. Hood) 失踪的登山运动员，该州政府展开了一场大规模搜救行动。但不幸的是，一个人在被发现时已死亡，其他两人则一直下落不明。由于这次意外事故，俄勒冈州政府提出了一项议案，要求登山者在攀登高海拔山峰时佩带电子定位器。但登山者却对这项提案提出了反对意见，他们认为，电子定位器将让这项以危险为宗旨的运动丧失应有的“冒险性”和“美感”。如果美国政府对每次救援都收取 1 万美元费用的话，这些登山者也许就会三思而行。

美国政府的定价问题，在土地公共征用权（即美国政府征用土地进行其他用途开发所依据的法律。——译者注）方面体现得更为淋漓尽致。无论是美国政府还是私人开发商，在清除待征用土地上的房屋时，都要面对一个不容忽视的经济问题。假设开发商为了建造一幢摩天大厦而需要拆除整个地块上的建筑物，尽管最简单的办法就是先行买下每个人的房屋，但是，这在现实中却往往行不通。有些对老宅房产感情深厚的业主,即便是面对远远高于市场公允价格的出价,也常无动于衷。在这种情况下，如果开发商不愿支付高昂的拆迁费，就只能另选福地。

还有一些业主可能另有打算，希望能通过这种别有用心的拒绝达到讨价还价的目的，以便为自己的房子争取一个好卖价。这样，一个复杂的问题就出现了：只要有一个人拒绝让步，就会让整个项目止步不前。而土地征用权则通过强迫业主接受“市场公允价格”来解决这一问题。首先，美国政府向业主按市场公允价（即周边类似房产的现时售价。——译者注）计算出拆迁补偿款，如果业主拒绝接受，美国政府仍然可以按该价格支付拆迁款，并可采取任何方式征用地块。美国最高法院在克罗状告新伦敦镇案 (Kelo v. New London) 中判决，除了铁路和公路等美国政府项目之外，如果地方政府认为开发项目有益于更广泛的公共利益，也可以因私人开发项目而行使土地公共征用权。

土地公共征用权带来的主要问题之一，就是公允市场价往往过低。如果只按市场价格评估，业主可能在接受美国政府补偿费用之前就已卖掉房产。但这些业主之所以没这样做，只能表明他们对房产的估价要高于市场出价。真正的难点在于，如何测算他们的估价到底比所谓的市场公允价格高多少。

幸运的是，多年以来，企业在未经诉诸土地公共征用权之前，就已找到解决该问题的方法。无论是修建管道、公路还是建筑物，企业总要同时考虑多个可供选择的地点。美国最大的非上市公司——科氏工业公司 (Koch Industries)，在全国各地修建了 4 000 英里的天然气和石油管道，但也是直到最近才开始动用公共征用权。他们常用的做法是，同时向不同的待征用线路上的业主提出补偿合同；而最终征用的，则是最早由全部业主同意签字的地块。比如说，业主公司可以向所在地业主提出高于公允市场价 25% 的补偿报价。如果业主认为自己的房产高于该报价，也不需要勉强自己。这种方法可以防止业主为寻求最优价格而无限期地等下去。如果业主在房产价值低于市场价格时继续持有，他们就会承受失去这 25% 利润的风险。因此，美国政府应该考虑用这种以市场为基础的方案，替代根本就谈不上“公平”的强制性市价。

前克莱姆森大学 (Clemson University) 经济系主任比尔 · 多根 (Bill Dougan) 针对一个困扰学术管理界多年的问题，设计了一个类似的解决方案。某个院系想招聘一名新教授，通常会遇到几位同样出色的候选人。这就带来了一种风险：如果把这个职位提供给某个候选人，他可能需要几周的时间才能作出最后决定，与此同时，他还有可能利用这个机会在其他学校寻求更好的职位。如果这个被选定的候选人最终与其他学校签约，这个系就两手空空了，因为其他候选人很有可能已在其他地方找到了工作。那么，多根是怎样解决这个问题的呢？向所有同样出色的候选人提供这个工作机会，最终把这个职位提供给最先接受的候选人。与公共征用权这样强制性的招聘方式相比，这种市场化的解决方案显然更为可取。

最近，华盛顿大学 (University of Washington) 的金融学教授乔纳森 · 卡波夫用另一个极富说服力的例子，阐述了美国政府机构的无效性。卡波夫对美国政府赞助的 35 项科学考察项目以及 57 项私人探险活动进行了研究，研究对象为 1818 – 1909 年期间对北极和西北航道的探险活动。北极探险和宇宙航行一样，都是被很多人认为无法由私人完成的公益性活动。大多数探险活动与纯粹的科研类似，不太可能在商业上取得立竿见影的效果。与私人探险活动相比，美国政府资助的北极探险可以得到更丰厚的资金；更大、性能更优越的船只；人员数量也要多出 4 倍（一个探险队的平均人数为 70 人，而私人探险队的平均人数只有 17人。——译者注）。然而，公共探险更有可能以悲剧而收场——美国政府探险活动的平均死亡人数接近 6 人，而私人探险的平均死亡人数却不到 1 人。此外，在为期超过 1 年的美国政府探险活动中，队员患坏血病的概率是私人探险队的4倍，而损失的船只则是后者的2倍。尽管人数与资金都少，但在北极探险的 6 项重大发现中，有 5 项由私人赞助。

卡波夫详细阐述了其背后深层次的原因。美国政府探险必须由主管委员会操作，因此，政治因素在确定人员组成时发挥着关键作用。相比之下，私人探险则更有效，而且可以在最短时间内从以往的探险活动中吸取教训。但最重要的也许在于，私人探险队对成功有着更强烈的渴望，他们的决策者要直接承担所有费用，而成功则会让他们获益甚高。

这些困扰美国政府行为的无效性，同样存在于从社会福利到教育的诸多层面。私人慈善事业可以保证 80% ~ 90% 的资金用在刀刃上，只有 30% 的美国政府资金能用到有需要的人身上。同样，公立学校非教师成本在预算中的比例超过 40%，而私立学校的这一比例却不到 20%。总之，公立学校教育单位学生的成本是私立学校的 2 倍，但孩子们在私立学校里的学习效果往往更好。这些统计数字表明，私人慈善机构和学校可以用仅相当于政府机构一半的资金，提供质量更高的服务。

市场当然不完美，但美国政府恐怕更不完美。尽管政府干预经济的意图很好，但结果往往适得其反。

多样化持股：企业增值的保证

那么，到底是什么让自由市场原则胜过政府的集权控制呢？其中部分原因在于：市场让人们有充分动机去严肃看待自身行为所带来的结果。一个最明显的例子，就是多样化持股这一投资原则的日渐普及。在美国，5 000 只共同基金持有的资产总额超过了 5 200 亿美元。尽管投资者应持有多样化的投资组合已成共识，但大多数人并未意识到，这种做法还有利于竞争对手之间达成合作。

这有一个简单的例子，是我在沃顿商学院任教时的一次经历。1992 年 12 月，美国教师与保险年金协会 (TIAA-CREF，一家大型的教师退休基金组织。——译者注) 的副主席兼秘书艾伯特·威尔逊 (Albert J. Wilson)，曾在正式场合下对员工谈起这样一件事。德士古 (Texaco) 和潘佐尔 (Pennzoil) 两家石油公司曾展开过一场旷日持久、令双方损失惨重的官司大战。诉讼案导致两家股票价值均下跌，由于两家公司相互持股，使得教师与保险年金协会因诉讼案而深受其害。不管是哪家公司最终胜诉，都无益于该协会，因为这只不过相当于把一家公司的钱转移到另一家公司。律师可以从诉讼中赚取大量中间费，但遗憾的是，该退休基金却不占有律师股份。威尔逊告诉我们，该养老金基金利用其作为双方公司大股东身份，说服两家公司以协商方式解决了纠纷。他还指出，该养老金基金还以同样方式，说服苹果公司和微软公司协商解决了双方的法律纠纷。

投资者不仅关心持有股票的价值，更关心这些股票组合的总体价值。如果某些企业决策导致投资组合中的某只股票上涨，但却让另一只股票以更大幅度下跌，投资者肯定不会为之欢欣鼓舞。随着持股，尤其是多样化持股的普及，企业决策对其他公司及其股东的影响将越来越大。

近几十年来，这一现象在日本表现得尤为明显。日本的财团(keiretsu)通常是由相互持股的多家公司构成，这些子公司通过相互持股而形成有效合作。这种合作方式界乎于完全独立和完全合并之间。1989年，得克萨斯州的大亨、BP资本管理公司主席布恩·佩金斯(T. Boone Pickens)收购了小山(Koito)公司的大量股份，该公司隶属于丰田财团，主要生产汽车照明及空调设备。丰田公司一直在零配件设计方面与小山及其他供应商紧密协作。

让佩金斯感到郁郁寡欢的是，小山一直按低于市价的价格向丰田提供零配件。丰田财团中的其他公司却没有这样的担心。和其他公司不同的是，佩金斯只持有该财团中一家公司的股票。因此，他只对如何提升小山公司的股价感兴趣，而其他股东所关心的，则是丰田财团总价值高低。如果佩金斯还持有丰田公司股票的话，也许他就不会有提高对丰田公司供应价的想法了。在这种情况下，提高小山对丰田供应价给佩金斯带来的收入，也许要小于丰田公司因提价所遭受的损失。

在美国，共同基金及其他金融机构与日本财团在某些方面有着异曲同工之处。例如，通过与塔克商学院鲍勃·汉森(Bob Hansen)共同开展的研究，我发现，33%的IBM股票和50%的英特尔股票由同时持有双方股票的机构所拥有。同样，29%的苹果公司股票和20%的微软公司股票也属于共同的股东。此外，产业投资基金在某些方面也和日本财团有相似之处。一般情况下，这些基金只凭借其专业优势投资于少数行业。和教师与保险年金协会一样，这些基金也有足够的动力利用其股东地位，不仅避免两败俱伤的内部纠纷，还要鼓励被投资公司形成合作。

我和汉森的研究还表明，多样化投资组合还有助于解释其他的企业行为，比如公司在并购时的出价。在并购消息公布之后，一般会增加被收购公司的股价，但买方股价通常会出现大幅下跌。此外，下跌幅度一般会随着时间推移而增加。这种现象可以通过投资组合多样化予以解释：如果股东同时拥有收购方和被收购方的股份，那么，他肯定会更关心并购是否会增加两家公司的总价值，而不是哪家公司的股价上涨，哪家公司的股价下跌。在股东同时拥有两家公司股票的情况下，过高的出价只不过是把更多的钱从一个口袋挪到另一个口袋而已。如果股东组成具有充分多样化，同时有多个收购人的话，那么，股东并不会关心出价多少，相反，能否实现总价值最大化会让他们更加牵肠挂肚。

在并购期间，如果股东持有被收购对象股票的话，他们肯定会对买方股价漠不关心。但如果被收购对象是非上市私人公司的话，则反之。在这样的收购中，只有在收购能提高其股价之时，收购方才会出价。因此，当上市公司收购非上市公司时，买方股价才会在公布并购消息时出现上涨。

股票投资多样化实现的总体收益，从另一个侧面说明了市场在独立运行时的有效性。在某些情况下，虽然这些创新往往需要长时间的酝酿和演化才能成形，但铁面无私的自由市场必将达到更高效率，这绝对是铁打不动的真理。

政府掠夺者和私人羔羊

提到企业掠夺者的时候，你最先想到的是什么公司呢？最经典的例证恐怕莫过于约翰·戴维森·洛克菲勒 (John D. Rockefeller) 的标准石油公司 (Standard Oil Company) 了，从 19 世纪末到 20 世纪初，它残酷无情地吞并竞争对手，使它们一一分崩离析，直到最后，它才被美国最高法院勒令分拆。在最近一个备受关注的公司掠夺案件中，美洲航空公司 (American Airlines) 成为被告，但法庭最后也不过匆匆收场而已。在公众的印象中，私人企业总是与掠夺者联系在一起。事实上，这本身就非常不公平，因为最有动机实施掠夺性行为的，并不是私人公司，而是美国政府经营的国有企业。

我们在第 1 章里曾经提到过，实施掠夺性定价，往往因耗费过高而无法成功达成目标。在击垮竞争对手之后，掠夺者必须保持可信性以形成一种威慑力，避免新的竞争对手乘机而入。那么，掠夺者怎样才能让市场感受到这种威慑呢？典型的掠夺者必须让潜在的竞争对手相信：他对利润之外的某种东西非常在意，比如说总销售额或是市场份额，因此，一旦受到挑衅，他就会不择手段去保卫自己的心爱之物。但这样的威慑显然无法说服市场，归根结底，任何私人企业的最终目标还是赚钱。

但国有企业却很少把赢利视为主要目标，因为他们往往有着更多的经营动机，其行为也常常受诸多因素所左右，比如说实现就业最大化，因此，国有企业的掠夺行为自然也就具有更大的威慑力。除此之外，即使不需要把竞争对手赶出市场，只要能让国有企业扩大市场份额或者增加就业量，就可以发挥其应有的作用。此外，国有企业还可以享受更优惠的政府融资和税收减免政策，这些财务资源可以让他们在更长的时间里承受掠夺造成的损失，而这绝非私人企业所能企及的。最后一点，由于不发行可流通股票，因此，国有企业一般都可以抵御卖空策略的侵袭，这就彻底消除了竞争。

欧洲最大的飞机制造商空中客车 (Air Bus) 就是这样一个生动的故事。很多欧洲政府持有该公司股份，但是在 2006 年，由于 A380 飞机的生产推迟了 2 年，空中客车遭受了几亿美元的巨大损失。然而，德国人却担心法国人趁机把手中持有的股份增加到 15%，因为“德国人担心：如果法国人在公司董事会上占得优势，那么一旦进行裁员，德国人就会首当其冲”。英国政府也有着同样的顾虑。

只要看一下空中客车的生产方法，我们就会认识到就业之于赢利的优先性了：

> 仅仅英国纳税人就为A380计划付出了5.3亿英镑。反过来，英格兰的布劳顿(Broughton)还负责生产机翼。但这同时又意味着，每一套生产完工的机翼还要通过集装箱运货船、内河驳船和专用的公路拖车，辗转运到位于法国的组装线。主要机身也需要从德国运到法国，而机尾则需要从西班牙出发。难怪曾经信心百倍的、在2006年7月就任空客总裁兼首席执行官的克里斯蒂安·斯特雷夫(Christian Streiff)也感慨万分：肯定得找个更简单的办法。

由于很多国有企业都不以利润为首要目标，因此，他们往往会成为最理想的掠夺者。例如，天气预报就是一个说明公共型掠夺者的绝好例证。在20世纪80年代，通过为电视台提供国家天气服务局(National Weather Service) 尚未提供的服务，这为私人气候服务机构创造了一个赚钱的机会。但就在这些私人公司开始提供此类服务后不久，国家天气服务局就开始为电视台免费提供这些服务，由此，这些私人天气预测公司纷纷陷入破产。私人天气预报公司联合会的执行主席杰弗里·史密斯 (Jeffery Smith) 认为，“很多商业气象预报机构一直不愿在天气预报领域内发挥更积极的作用，其原因在于，政府经常在该专业领域内向他们施加压力。私人公司根本就不可能预知政府的下一个‘免费’服务是什么。”

公共掠夺在高等教育中体现得更为露骨。由于公立大学可以享有更多的政府资助，因而可以收取远低于私立大学的学费。例如，我的母校，加利福尼亚州大学洛杉矶分校 (UCLA)，对每一名本州学生收取的学费是 6 522 美元，但支出却将近 4 万美元。也就是说，公立大学学费在教育成本中的比重通常要远远小于私立大学。在某些情况下，低于成本的学费还会促使公立大学从事小规模经营活动，比如说书店、食品加工以及娱乐设施等。这些业务可以享受免费的建筑场地或特殊的税收优惠，这就可以收取人为的低价格，这些价格让私人企业根本无法与之抗衡。

公立大学相对较低的学费无疑将对学生择校产生巨大影响。1965 – 2005 年，公立大学院校的平均学费从私立大学的 22% 降到 18%，与此同时，就读于公立大学的学生比例则从 67% 增长到 79%。这不应算是什么意外，政府补贴使公立大学有能力按低于成本的水平收取学费，这绝对是一个令私立大学望尘莫及的优势。

实际上，公立大学曾让很多私立大学陷入破产，或是迫其无法生存而乘机将其合并，比如说乔治梅森大学 (George Mason University) 的法学院、布法罗大学 (University of Buffalo)、休斯顿大学 (University of Houston) 和匹兹堡大学 (University of Pittsburgh)。在布法罗大学的并购过程中，根据媒体披露，纽约州立大学 (the State University of New York) 曾经威胁在布法罗大学的街对面开办学校，除非布法罗大学同意加入纽约州立大学。

反托拉斯法的限制使得私人公司很难接管他们的竞争对手。这些管制措施就为私人掠夺构筑了现实的壁垒，尽管一家大公司可以把竞争对手赶出市场，但是对后者的工厂和其他关键性的资产却往往奈何不得。有些新的进入者可以轻易进入市场，以极低的折扣价购买这些资产，然后重新开始与掠夺者展开竞争。于是，掠夺者又不得不面对成本低于前任对手的新对手。相比而言，国有企业却不受反托拉斯法的制约，这就让他们可以更轻易地买断牺牲者的资产，然后先发制人，从而有效阻止新竞争对手的进入。

以掠夺性策略打击私人公司，是全球各国邮局的共同伎俩。一方面，邮局可以通过受政府保护的垄断性业务实现赢利；另一方面，他们又可以通过系统性方式，把盈利用于补贴那些要面对私人竞争的业务。在这些业务中，他们不惜以亏损为代价，以达到驱逐竞争对手的目的。2001 年，德国邮政股份公司 (Deutsche Post AG) 因用普通密封邮件垄断包裹业务并实行交叉补贴而被欧盟罚款。2005 年，丹麦、西班牙和法国邮政系统也因类似事情而被欧盟罚款。

在这方面，美国邮政系统也难保清白。1999 年 1 月，美国邮政局把普通密封邮件的价格提高到 33 美分，与此同时，国内隔夜快递邮件的价格却从 15 美元调低到 13.7 美元，实际上，15 美元即已亏本。之所以定下如此之低的价格，主要是为了应对世界四大快递巨头之一的 FedEx(联邦快递) 和 UPS(联合包裹服务公司) 的竞争，他们蒸蒸日上的发展已让美国邮政局感到岌岌可危，此后 5 年，美国邮政局一直保持着低于 15 美元的价格。很明显，尽管邮政局并不是想通过这种手段把竞争对手逐出市场，但以低于成本的价格扩大市场份额，只不过是另一种形式的掠夺罢了。

国有企业和机构实施掠夺式经营的事例举不胜举。而美国森林服务公司 (U. S. Forest) 则是一个罕见的掠夺者。它要求伐木公司就有利可图的木材和无利可图的木材同时进行投标。让伐木公司对包括无利可图的木材进行投标，必然会降低采伐公司需要支付的价格，进而降低森林服务公司的收入。那么，森林服务公司为什么要这么做呢？答案同样在于：我们所讨论的，是一个不以赢利为首要目标的国有企业，森林服务公司的收入必须上交财政部。但是，要求对可赢利和不可赢利的木材同时进行投标，可以增加木材总砍伐量。而这又要求森林服务公司兴修更多的公路，并提供其他服务，所有这些，都为增加森林服务公司的预算支出提供了充分的依据。

即使是像国家航空和航天局（NASA）这样备受敬仰的政府机构，也未能做到洁身自好。多年以来，私人机构参与航天飞行的最高壁垒之一，就是来自NASA的竞争：低于成本的宇宙飞船航天费用。在对私人公司提供的卫星发射业务中，NASA收取的价格如此之低，的确让人感到难以捉摸。NASA毕竟是一个垄断性的机构，因此，私人公司要享受这种近似于垄断的服务，本应付出高昂的代价——针对这种服务制定的垄断性价格。但是，作为一个政府经营的机构，利润并不是NASA最关心的指标。相反，从历史上看，为了防止私人企业参与这个市场的竞争，NASA一直在收取低于成本的价格。尽管NASA可能不太关心利润，但它却喜欢保持自己在美国航空领域中的准垄断地位，维持自身独一无二的声望。

有趣的是，美国政府一直指责中国的国家航天制度涉嫌掠夺性定价，甚至要求中国政府修改定价策略，否则，将不允许美国公司使用中国的卫星发射业务。尽管美国的政府机构自己习惯于掠夺，像这样指责外国人的事例却屡见不鲜。当然，美国政府频繁指责外国国有机构从事掠夺性业务，这比他们对私人企业的谴责更让人觉得习以为常。

事实证明，掠夺对于国有企业来说更得心应手，因为他们直接受益于掠夺行为。当大幅削价而导致价格低于成本时，即使销售额有所增长，私人掠夺者也会因亏损而伤筋动骨。但是对于视销售额和就业强于赢利的公共企业来说，却不存在这种情况。实际上，掠夺对私人公司的危害是如此之大，以至于他们根本就不愿意涉足此事；只有在以掠夺威慑对潜在竞争对手有效的情况下，他们的掠夺性手段才能得逞。如果这种威胁能做到天衣无缝，令对手信以为真，那么，这些公司也就没有必要真的动用掠夺手段去折磨自己。但是，谁更有可能让自己的恫吓令人信以为真呢？难道是以利润最大化为目标、在掠夺中做赔本生意的私人公司吗？还是不在乎利润的损失、更在乎通过掠夺扩大产量或是市场份额的国有企业呢？证据显示，掠夺行为极少发生在私人企业身上。相反，我们倒是更容易找到滥用掠夺性手段的国有企业。

执业许可：当代的行会体系

除了直接性的政府开支或是经营国有企业之外，政府对经济的参与还采取了很多其他形式。比如说，政府可以制定各种类型的法规制度，对私人企业进行管制。这些规章制度大多被标榜为保证市场“公平”所不可或缺的措施。但是，假如我们认真审视一种重要的规制即执业许可，就会发现，某些法律是在有意遏制竞争。

可以说，执业注册制度有着悠久的历史。例如，早在中世纪的欧洲，行会就要求新入门的学徒必须在经过实习多年之后才能独立从业，在这有时甚至长达 10 多年的时期，学徒收入极其微薄。一个技术熟练工人只要未能通过正式培训，就不允许从事这门手艺。即便是在亚当·斯密的时代，也存在着类似的行会制度，作为经济学之父，他对此的结论是：在很大程度上，行会制度的作用，就是限制进入一个职业的人数来维护该职业现有的高工资。

实际上，中世纪时，这种制度就已普及。中世纪行会的主要作用并非像行会领导人所说的那样保证产品质量。只有对那些在购买之前难以对质量作出评判的产品，比如药品，这种保证才有效。但学徒时间最长的职业，往往却是那些最难判断其产品质量的职业。比如说，在 13 世纪的巴黎，做铁扣子、桌子和纽扣这样的行当，学徒时期居然有 10 年之长；在热那亚 (Genoa)，要通过许可成为一名制柜匠，则要经过 11 年的学徒期。苛刻的强制性学徒法令对巴黎人的学徒时间、收入（极其微薄）以及是否提供食宿都作了硬性规定。在一定程度上，这些规定是为了防止师傅之间相互挖墙角，以更高的收入带走别人的徒弟，换句话说，他们的目的，就是阻碍一个自由劳动力市场的形成。

今天，在很多美国政府兴办的项目中，同样的机制几乎已经成为定式。要成为一名注册执业人员，美国政府通常要求个人必须完成职业协会所规定的各种教育。但是，这些要求确实必不可少吗？只要通过包括实践在内的严格的执业考试，就可以拿到执业资格，这样做难道不是也很好吗？如果一个学生通过多年自学，并在律师考试中名列前茅，你能说那些法学院学生就一定比他更有资格成为律师吗？或许如此，但有一点是肯定的，自学成才的律师注定要被这个职业拒之门外，也就是说，每个雄心壮志的律师，都必须要在法学院里待上两年半。在很多情况下，很多有抱负的学生甚至会因未能接受更高教育而过早地终止职业生涯。

这种强制性教育的要求存在于很多职业。例如，美国的大多数州都要求眼科学生必须在经过认证的学校至少学习 6 个学期，每个学期 8 个月，之后还要参加全国或本州组织的资格考试。同样，学医的学生至少需要在学校完成三年半的学业。和法学院一样，如果医学院在低于法规规定的时间内授予学位的话，也将被取消资质认定的资格。

39 个州都要求，新理发师必须在理发专业学校至少学习 9 个月，否则不得从事这一职业。至于成为美容师的学习时间就更长。类似规定还存在于各种各样的职业，诸如戒瘾咨询师、口腔卫生师、电蚀医师、内部设计师、殡仪业者、美甲师、护士和测谎审查员。学员即使已入学学习，但出勤率不够标准的话，仍有可能无法得到执业资格；有 22 个州要求，学员只有达到 100% 的出勤率，才能获得房地产经纪人许可证。

不妨把这些规定与获得博士学位的规定对比一番。对于后者，各州均不对完成学业设置最低学习时间要求的限制。尽管非常优秀的学生可以在几年之内完成课程和论文答辩，但大多数人还是需要经过更长的时间。在经济学专业中，获得博士学位的平均时间为五年半，只有 1% 的人是在 3 年内完成的；另一方面，最后 10% 的学生则需要用 8 年甚至是更长的时间，还有一些人居然用了 20 多年。

因此，任何攻读博士的人都可以通过获得学位所费时间长短，来证明自己的能力和精力。这也是他们向未来的雇主炫耀的最大卖点，因为很多老板都会对那些精力旺盛、积极进取的应聘人情有独钟。在学术界，每当教授们谈起某人能在更短时间内拿到博士学位时，总是津津乐道。的确，这是标榜一个学生聪明、勤奋最简单而直接的证据。

同时，这也解释了为什么大学不像其他行业那样，对博士学位的获得设定最低时间要求。因为这样的要求也许会让那些真正有能力的学生，无法通过尽快完成学业和答辩来证明自身价值，这就导致最聪明的学生不得不降低学习效率，放慢前进的脚步，而那些能力相对较弱的学生却丝毫不受影响。

另一个职业是房地产经纪人。房地产经纪人考试以较直接的问题为主，主要内容涉及基础性的数学计算以及房地产法律等学科。虽然很多人在经过较短时间的学习后就能通过考试，但严格的课时要求，却阻止了那些雄心勃勃的人尽早进入这一行当。那么，这些要求会带来哪些影响呢？那就是：一些最有才华的人被拒之门外。虽然通过考试对他们来说易如反掌，但如果不能先在教室里坐上 9 个月的话，他们却永远也找不到进入这个殿堂的大门，比如说，宾夕法尼亚州就是这样规定的。

这里还有一个我亲身经历过的事情。我曾在芝加哥大学法学院、宾夕法尼亚州大学沃顿商学院以及莱斯大学等著名院校任教。我授课的对象也非常广泛，无论在一年级新生还是博士生中，都有我的学生。但我在自己的学术生涯中却体会到，有一件事是我做不到的：我根本就无法在公立中学任教。这倒不是因为学生不愿意听我讲课，或是我不喜欢这份工作；在过去的几年里，我偶尔也到我儿子的高中客串讲过几堂统计课。问题的真正根源在于：因为我一直没有完成规定年数的“教师培训”，因此，我根本就没有资格在公立中学全职任教。

大多数州都规定，只有获得教育学的本科学位，或是完成 2 ~3 年的培训课程之后，才有资格注册为公立中学的教师。这些规定制约了很多原本有足够能力的人从事这个职业。因此，阿肯色等一些州已经开始允许公立中学教师通过在职培训获得执业资格。理工科和数学教师等师资力量严重不足的学科也开始推行这种方法。米斯蒂·赫恩 (Misty Hern) 是一位拥有生物学学位的私立中学教师，她的经历让我们体会到，课时要求如何限制了那些真正有能力的人成为公立学校教师。赫恩女士在接受《阿肯色民主公报》(*Arkansas Democrat Gazette*) 采访时指出，她很想到公立学校任教，因为在那里可以拿到更高的薪水，但课时要求却让她无法实现愿望。但她也愿意按照阿肯色州新颁布的在职教师培训计划，考虑一下先到公立学校应聘一个职位，然后再通过在职教育获得执业资格。她指出：“如果重新回到学校攻读学位的话，不仅要耗费 3 年的时间，还要损失一大笔钱。”

我曾采访过一些职业学校的教务人员，其中包括一些法律和医疗类的职业学校，向他们咨询有关学生完成学业时间要求的问题。大多数被访对象的回答令我吃惊：要么是随意制定的要求，要么就说：“这是美国律师协会或美国医疗协会的强制性规定。”少数人认为，因为所有课程都按部就班，因此，课时要求绝对有必要。既然如此，有人也许会问，如果说这些规定适合于律师或理发师的话，为什么对博士这样更严肃的事情，却并非必要呢？尽管打破固有顺序完成课程可能会增加学习难度，但是，如果一个勤奋的学生每学期都给自己课外补课，最终提前结业并拿到 B 级的平均分，和那些按正常课时安排完成学业并拿到同样分数的学生相比，他所掌握的知识难道是不一样的吗？

有些教务管理人员为学时要求辩护的理由是：某些技能很难通过考试来考核，尤其是医科。他们的论断是：临床、外科手术和检验技能是书面考试所无法评价的。因此，只有在认证过程中，通过涵盖诊断技能以及观察医生对病人的行为态度等内容的一系列测试，这种实践技能才能加以测试和评定。但是，在课堂教育中，却可以通过对学生的长期观察，了解他们在这方面的潜能到底如何。

然而，这种观点显然不能说明，一个医学学生究竟用多长时间完成学业才算合适；它仅仅是通过一个还算是说得过去的例证，提出了获得医疗执业资格所必需的强制性学习要求。但这只不过是一个例外而已，它根本就不适用于以时间要求确定执业资格的绝大多数其他行业。比如说，到底有哪些因素使注册审查委员会不能对理发师申请人的理发水平，或是对房地产代理申请人在利息计算和不动产法律方面的了解作出合理评判呢？这样的限制条件存在于多种行业，这一事实表明，检验技能上的困难，显然并不是在执业注册制度中设置时间限制条件的主要原因。

既然如此，执业协会为何要用这种规定，去“卓有成效”地限制那些有才华、有能力的人去从业，进而抬高新入道者的门槛呢？假如亚当·斯密没说错的话：之所以要让学徒经过漫长的时间才能成为从业者，其中的奥妙就是为了保持现有从业者数量，并以此维持较高的工资水平。那么，为什么不干脆提高注册考试的难度呢？这样，不仅可以直接减少低能候选人的数量，而且还可以消除令人生厌的学校教育要求，让那些真正有才华而且又勤奋好学的人，能更快地掌握从业技能。

事实上，之所以对有志入道者设置最低学时教育要求，真正的原因在于限制业内竞争。一个行业需要通过不断吸收新鲜血液来保证自身利益，可加入太多的新生力量，又会降低这个行业的工资水平。因此，通过制定最低学时教育要求，现有执业者就可以借助于这样一种限制性准入方式，避免很多极富天资的新人给他们带来竞争和威胁。

遗憾的是，政府则通过这种强制性最低学历教育时间的方式，让这些本不合理的注册与认证办法堂而皇之地固化为制度。虽然这些规则有利于维护现有执业者收入，但却让整个行业无法受益于自由竞争带来的总体效益。

禁烟法案：适得其反

尽管这些对比鲜明的例子，深刻地揭示了私人市场的创造力和美国政府行为的无效性，但这并不是说，制度在经济中一无是处。在某些领域，政府可以对某些企业强加给外部的不合理成本加以控制。在这个方面，最有说服力的一个例子无疑是污染管理。

由于污染行为带来的成本可以转嫁给其他人，因此，环境污染问题已凸现为当今社会的一个主要问题。最经典的例证就是“公共池塘”(common pool) 或者说“过度捕捞”(overfishing) 问题。渔民往往倾向于对某一区域进行过度捕捞，这导致该区域的渔业资源濒临枯竭。即使一个渔民放过这些鱼而任其自由繁殖，他也不能保证其他渔民不对其进行捕捞。但私人渔场却可以避免这个问题，比如说，由私人直接拥有这些湖泊或鱼塘。如果一个渔场的渔业资源下降，所有者就可以停止捕捞，保证繁殖，因为他知道，不会有其他人趁这个机会进行捕捞。

户外空气污染同样也为我们提出了“公共池塘”问题：如果众多个人或企业同时排放过量污染物的话，结果就有可能增加人的总体患病率甚至是死亡率。虽然汽车、发电厂等释放出来的排放物，都有可能被定义为有害物质，但却没有人主张，因污染成本超过其创造的效益，我们不应该再使用汽车，并关闭发电厂。和海上捕鱼的渔民一样，个别汽车制造商和工厂所有者不可能考虑到其污染所带来的外部成本。利他主义的适用范围总是有限的。这就为政府的参与创造了一个立法空间——政府可以通过限制、征税或是其他制约污染性排放物的措施，对污染问题进行管制。

但这里的问题是，美国政府总会不可避免地无限扩张其权限范围。赋予政府，无论是联邦政府、州政府还是地方政府，对污染问题进行管制的权限本是必不可少的措施，但是，当美国政府利用这种权限不断扩大其强权势力时，我们所能看到的，恐怕就只有灾难。如果真是这样的话，美国政府必然会以强制性的解决方案去面对本应由市场来解决的附带“问题”。

这一点在目前的餐饮行业表现得尤为突出，为了保证当地的空气清洁，地方政府正在不断加大餐饮场所的禁烟力度。餐厅所有者将面临越来越大的压力，促使他们决定到底应不应该允许顾客吸烟，就像他们必须确定应该为顾客提供哪些食物、每份菜肴的分量或是必须用什么配料一样。如果一个餐厅不能在这个问题上满足顾客的要求，恐怕就离关门歇业不远了。

正是出于这个原因，我们不应把在餐厅禁烟视为应当通过政府干预来解决的“公共池塘问题”。餐厅允许吸烟，并不是因为餐厅老板喜欢抽烟的人；而只是为了应对竞争压力和顾客偏好所采取的一种对策而已。当然，我们既不可能对保持空气清新的责任视而不见、袖手旁观，也没有必要做到尽善尽美，让空气一尘不染；很多餐厅只是简单地划分一下吸烟区和非吸烟区，问题便迎刃而解。但按照美国政府出台的禁烟法，即便是这样两全其美的解决方案也是违法的。

一旦餐厅连决定是否可以在正餐之外供应小菜或是应该播放何种音乐的权力都被剥夺，这就只能让他们关门大吉。如果我们承认这一点，那我们为什么不能相信：是否允许吸烟这样的决策，也同样会影响到顾客需求呢？如果的确如此，人们对禁烟与否的反应如此强烈，这一事实足以说明，餐厅必须认真对待自己的吸烟政策，以满足不同顾客的不同需求。

餐厅吸烟更像是一个“私人渔业”问题，而不是“公共池塘”问题。在这里，为保证人们得到所需要的空气质量，美国政府唯一能做的，就是让市场去决定一切。

总之，自由市场给我们带来无尽的力量。只要有足够的时间，只要有人会因问题的解决而受益，任何貌似不可能解决的问题迟早都会迎刃而解。相比之下，在诸多内在的经济和政治问题面前，尽管用心良苦，但美国政府干预所带来的成本都将是高昂而无效的。正如米尔顿·弗里德曼的一句名言所说的：“任何人都不会像花自己钱那样，谨小慎微地去花别人的钱。”看一看空中客车、NASA 或是美国政府的执业注册制度，所有这些事例，都印证了这样精辟的论断，让我们找不到否定它的理由。

第  章

罪与罚：把罪犯扼杀在子宫？

Crime and Punishment

犯罪与处罚之间，蕴含着怎样的经济学原理？那些“理所当然”的常识与法规，真的没有任何疑点？政府干预究竟减少还是增加了犯罪？

如果有什么事越来越挣钱的话，就会有越来越多的人去做这件事。这是经济学的基本原则，这个简单的道理，同样也可以解释贸易、工业以及金融之外诸多其他领域中的人类行为。

不妨以体育为例。1978 年，大西洋沿岸联盟 (Atlantic Coast Conference，美国的一个大学美式足球联盟。——译者注) 把每场比赛的裁判人数从 2 个增加到 3 个，于是，每场的平均犯规次数相应减少了 34%。原因何在呢？与美式足球相比，在篮球比赛中，球员犯规次数更少，因为犯规很容易被裁判发现。实际犯规减少次数可能比这还要多，因为与 3 个裁判同时执法相比，2 个裁判执法时可能会漏掉很多犯规。

我们在棒球比赛中也发现了类似情况。美国大联盟 (American League) 的击球手数量要多于国家大联盟 (National League)，但这一区别也仅仅在 1973 年后才出现。当时，美国大联盟增加了投手到击球线的距离，显然，这样更有利于击球手击球。在美国大联盟，投手在向对方击球手身上投球之后，不必再担心遭到击球手的报复性击球，因此，他们就开始越来越频繁地向击球手头部投球。

这个基本原理反过来也一样：如果有什么事越来越不难赚钱的话，做这件事的人就会越来越少。只要能为某种活动提供足够有价值的回报，你肯定会看到更多的人去做这件事，即便他们本不应这样做。一种航空管理员特殊的欺诈行为就证实了这一点。要获得因工作压力而领取的残疾补贴，航空管理员就必须提交有书面记载的事故，以证明其承受的压力确实现实可信，这种压力导致他们不能正常执行工作任务。这些事故可以是飞机相撞或是千钧一发的危机等。在这种情况下，“千钧一发”的飞行事故突然激增，填写残疾补贴申请也就变得越来越容易，对此，我们应该不会感到意外。当然，类似“飞机相撞”这样的事故并非来自航空管理员自己的简单伪造，而是来自一种精确的业绩考评系统即“操作失误严重性指数”。

分析这些现象背后的动机，可以帮助我们很好地理解犯罪行为。它揭示出导致犯罪现象增加的原因，以及哪些方法最有利于降低犯罪率。我们可以通过对动机的研究，从不寻常的视角去认识堕胎的影响、平等雇佣政策以及死刑。动机研究还阐述了，某些类型的重罚及其他政策，将如何适得其反地提高犯罪率。

犯罪率为何下降

韦斯利·斯科根（Wesley Skogan，西北大学犯罪学专家）在谈到20 世纪 90 年代的犯罪率长期持续下降的现象时，曾说：这依然是我们这个时代最令人疑惑的不解之谜。

1960 年之后，美国的暴力性犯罪曾出现过爆炸式增长。1960 － 1991 年，受害人报案的暴力性犯罪居然增加了 372%。这种令人不安的趋势还在全国各地蔓延，其中，抢劫案发生率在 1991 年达到顶峰，而强奸和严重侵犯案件则在翌年达到创纪录的高峰。但此后，却出现了令所有人预想不到的事情。1991 － 2000 年，暴力犯罪和财产犯罪均急剧下降，发案率分别降低了 33% 和 30%。尽管谋杀案发案率在 1991 年之前一直较为平稳，但在此后却骤减了 44%。

犯罪率的这一下降超乎了几乎所有人的想象，因为就在此前，学

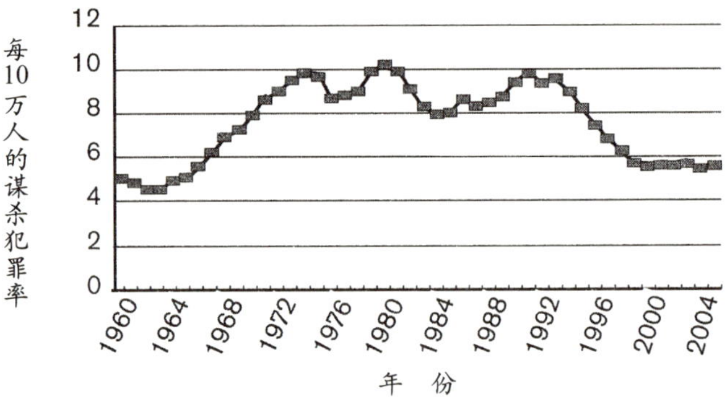

图 4-1　美国的谋杀与非疏忽杀人 (1960 － 2005 年)

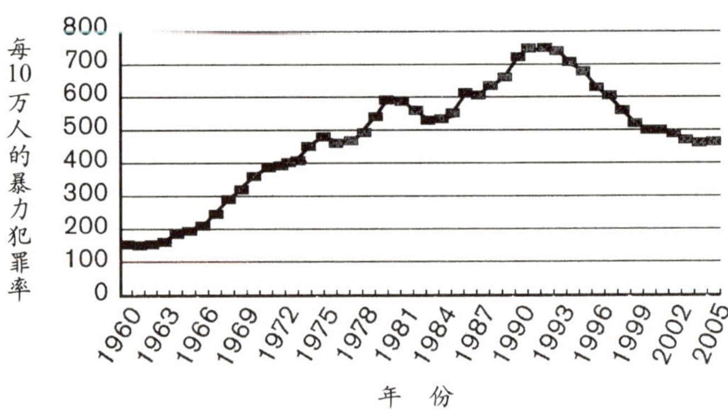

图 4-2　美国的非谋杀暴力犯罪率 (1960 － 2005 年)

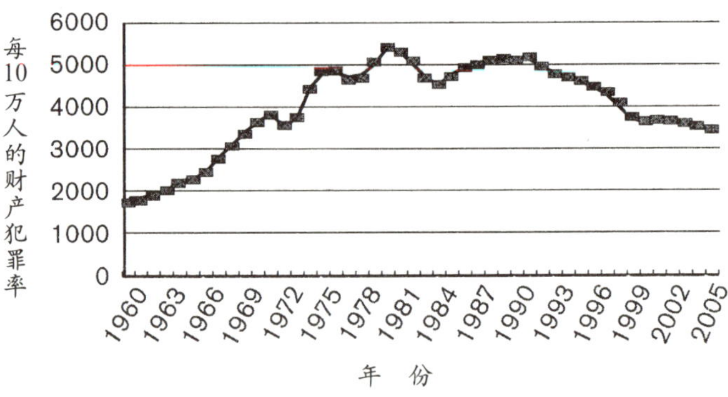

图 4-3　美国的财产犯罪率 (1960 － 2005 年)

术界还在预言：随着充满无意识暴力倾向的年轻一代不断增长，这些“掠夺霸王”的到来，将引发一场犯罪大爆炸。同样令人难以置信的是，这一现象不仅出现在美国，加拿大的犯罪率也表现出惊人的相似之处，暴力犯罪在1992年达到高点，财产犯罪和谋杀案则在1992年升至顶峰。尽管加拿大的暴力犯罪和谋杀率在20世纪90年代的下降幅度都低于美国，但财产犯罪率的下降程度却略高于美国。

此外，由于存在着一个经常被人们忽视的因素即受害者报案率的提高，使实际犯罪率的下降程度很有可能大于上述的统计数字。除谋杀犯罪率数据之外，这些由FBI提供的犯罪率数据均以受害人的实际报案为准。显然，并非所有受害人都会向警察局报案。而且受害人极有可能同时就两类犯罪报案：最严重的犯罪以及他们认为最有可能破案的犯罪。同时，这些趋势之间又相互促进：受害人提供最严重的犯罪事实，而这又必将受到警察部门最认真的关注。因此，严重的犯罪更有可能被破案，而这就有可能导致更多针对此类案件的报案。我们可以通过两个简单的示意图，说明美国的暴力犯罪及财产犯罪报案率是如何随着逮捕率的上升而增加的。由此推断，逮捕率的增加鼓励越来越多的受害人向警察局报案。

至于那些不太严重的犯罪，自然也不太容易引起警察部门的关注，因此也不太可能破案，于是，受害人也很少就此类案件向警察报案。2005年，盗窃案的报案率只有20%左右，相比之下，强奸案和加重暴行案件的报案率则分别为63%和68%。由于超过一半以上盗窃案所涉及的物品价值不到100美元，因此，较低的报案率也就不足为奇了。很多人因为不习惯与警察打交道，或是觉得找回丢失物品的可能性不大，自然也就不屑报案。

那么，为什么说案件报案率的增加非常重要呢？我们不妨回想一下篮球裁判员数量的例子：增加裁判员数量不仅有助于减少犯规，而且提高了犯规被发现的概率。同样的道理也适用于 20 世纪 90 年代骤降的犯罪率，在报案率显著增加的同时，必然对应着犯罪案件的大幅减少。

这一趋势表明，20 世纪 90 年代打击犯罪的行动要比大多数人想象得更为有效。因此，如果考虑到报案率的上升，我们就会发现，在整个 90 年代，暴力犯罪率的实际下降程度要比 FBI 的统计数据高出 10 个百分点左右。而财产犯罪的实际下降程度则高出 30% 左右。此外，1992 － 2002 年，暴力犯罪的报案率激增了 46%。这说明，官方提供

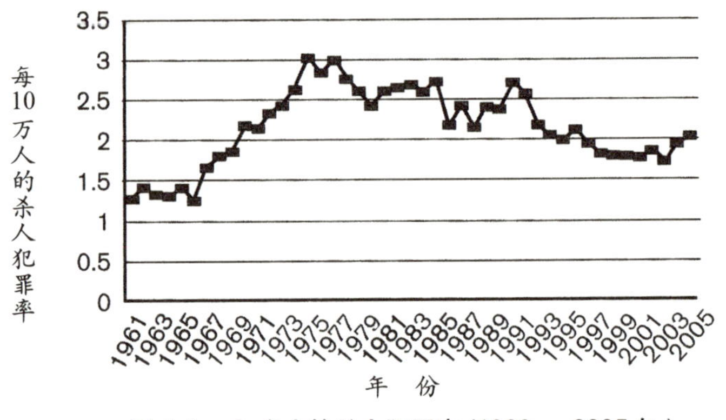

图 4-4　加拿大的杀人犯罪率 (1960 － 2005 年)

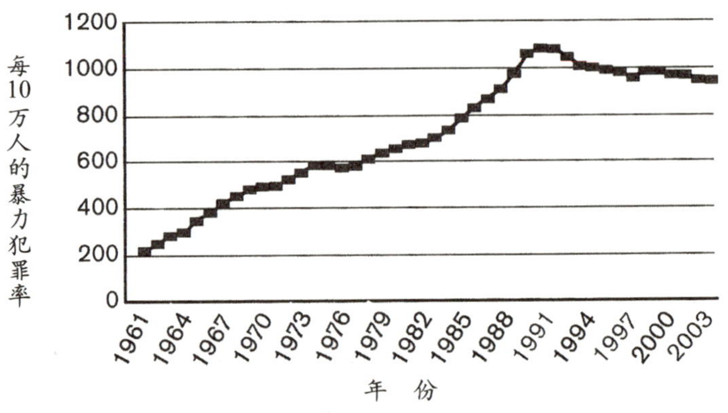

图 4-5　美国的非谋杀暴力犯罪率 (1960 － 2005 年)

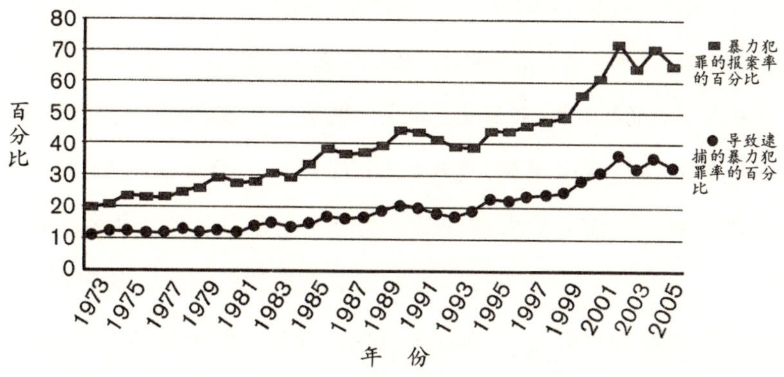

图 4-6 暴力犯罪的报案率如何随导致逮捕的暴力犯罪率而变化

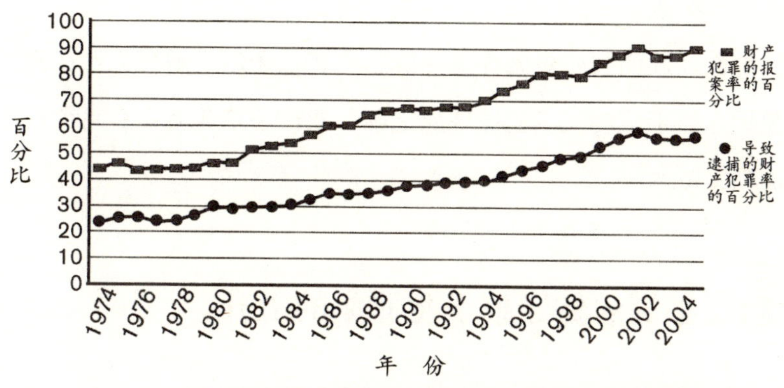

图 4-7 财产犯罪的报案率如何随导致逮捕的暴力犯罪率而变化

的近期暴力犯罪率在经过了 90 年代的下跌之后一直保持平稳，是极具误导性的。实际上，尽管犯罪案件越来越少，但报案率却有所提高。

那么，我们应该如何解释 20 世纪 90 年代犯罪率骤降的现象呢？人们对此给出了很多零零散散的证据。虽然有关分析人士也给出过各种各样可行的答案。但如何使它们彼此契合而不相互矛盾却仍是难题。有些人强调增加逮捕率和判罪率、延长监禁时间、“破窗”式警务策略（“broken windows” police strategics，“破窗理论”由美国政治学家威尔逊和犯罪学家凯琳提出。该理论认为，如果有人打坏了一个建筑物的窗户玻璃，而这扇窗户又得不到及时的维修，别人就可能受到某些暗示性的纵容去打烂更多的窗户玻璃。久而久之，这些破窗户就给人造成一种无序的感觉。结果在这种公众麻木不仁的氛围中，犯罪就会滋生、繁荣。“破窗理论”不仅在社会管理中有所应用，而且也被用在了现代企业管理中。——译者注）以及死刑等立法执法因素。还有一些人则强调了另外一些因素，比如说私人持枪法案的通过、经济的强势增长、吸食可卡因人数的减少以及警察部门实行的“平等雇佣政策”。有人甚至认为，合法堕胎也有助于减少犯罪现象的滋生。显然，其中的某些原因肯定是有道理的，但是，至于哪些因素占主导地位，哪些居次，以及哪些政策是在助纣为虐，人们却褒贬不一，争执不下。

那么，我们到底应怎样来评价这些相互矛盾的解释呢？在确认一种原因是否能成功减少犯罪现象之前，我们还是先看一看几个适得其反的因素吧。

堕胎与平等雇佣导致了犯罪率的上升

其一：合法堕胎

> 政府卫生官员昨日指出，美国的婚外生育现象已经达到了历史新高，在去年出生的每10个孩子中，就有1个为婚外生育。
>
> ——《华盛顿邮报》，2006年11月

> 全美1/3新生儿，2/3黑人婴儿来自单亲家庭，而几乎所有人都同意，家庭破裂加剧了贫困、教育赤字和发展赤字以及犯罪监禁的恶性循环。
>
> ——《纽约时报》，2006年7月

针对20世纪90年代犯罪率的下降，在诸多解释当中，最有争议的，可能莫过于把原因归结于罗伊诉威德（Roe v. Wade）案［诺玛·迈卡维（Nerman McCorvey）的化名是罗伊，她是达拉斯州的一位年轻女士，是一个贫穷的、没有受过教育的，也没有任何专业技能的吸毒者，生了两个孩子，但都交给别人领养；威德则是达拉斯县的检察官。1970年，罗伊发现自己再次怀孕，而当时的美国各州都规定堕胎属违法行为。诺玛·迈卡维为了获得堕胎的许可，不断向政府申请堕胎合法化，终于在1973年促使美国实现了堕胎合法化。——译者注］的观点，1973年，美国最高法院在该案例中判定堕胎合法化。有关方面认为，在罗伊诉威德案宣判之后不久，大量开始堕胎的女性很可能都是未婚、未成年或是贫困女性，她们本不想留下这些孩子。这预示着，一旦这些孩子出生，就非常有可能在长大后涉足犯罪。这些私生子本应在90年代初就成为"犯罪主力"，但他们却没有如人们预期的那样无恶不作。按照《魔鬼经济学》的观点，堕胎已经成为"美国历史上降低犯罪率的首要因素之一"。毫无疑问，这绝对是一个吸引人们眼球的新论调。但是，正如我们将看到的那样，只要深刻分析一下堕胎和犯罪的数据，就会得出一个相反的结论。事实上，堕胎增加了犯罪。

即便是在罗伊诉威德案之前，堕胎合法化的支持者就一直在谴责由这些"多余"孩子带来的犯罪及其他社会问题。丹尼尔·卡拉汉（Daniel Callahan）在1970年出版的《堕胎：法律、选择与道德》（*Abortion: Law, Choice, and Morality*）一书中对这种观点进行了总结："如果未婚女性不能进行安全且为社会所接受的生育，就相当于开启了一个私生与绝望的恶性循环，始终让贫困、犯罪和心理疾病成为社会的痼疾。"

1972年，洛克菲勒人口与美国未来委员会（Rockefeller Commission on Population and the American Future）再次重申了这一观点。这个由理查德·尼克松（Richard Nixon）组建的委员会引证了一项研究，该研究认为，被否决堕胎的女性所育之子，“更有可能患有精神病，更容易出现反社会行为及犯罪行为，更多地需要依赖于社会救助”。

该委员会似乎在很大程度上受到了汉斯 · 佛斯曼 (Hans Forssman) 和因加 · 苏维 (Inga Thuwe) 的影响。这两位学者对 1939 － 1941 年被瑞典哥德堡医院拒绝堕胎的女性所生育的 188 名孩子进行了研究。他们为这些“本不想要”的孩子进行比较研究，而比较的对象则是在他们之后正常出生的孩子。研究发现，这些“本不想要”的孩子更有可能生长在不利的生活环境中，比如说父母离异，或被送到孤儿院。而且他们更有可能行为不轨，或在学校捣乱。遗憾的是，两位学者并没有调查这些孩子是不是导致这些问题的根源，或者仅仅与之相关，也许一个家庭的贫困是导致这些反常行为真正的原因，而寻求堕胎的女性更可能是穷人。

然而，这个论点在堕胎合法化的支持者当中也逐渐趋于明朗。在 20 世纪 60 和 70 年代，也就是在罗伊诉威德案之前，堕胎权的提倡者把各种社会问题一股脑地归结于那些“多余”的孩子，包括犯罪和精神病。此外，他们还发现，“‘多余’的孩子更有可能被遗弃、冷落和虐待”，他们很容易陷入“吃不饱，穿不暖，无家可归”的境地。因此，有人提出，通过堕胎，从人口中消除这些“本不想要”的孩子是一件让社会更加安全的益事。

最近，经济学家约翰 · 多诺休 (John Donohue) 和史蒂芬 · 列维特 (Steven Levitt) 自佛斯曼和苏维之后，首次提出了证明堕胎可以减少犯罪的系统性论据。他们认为，20 世纪 90 年代犯罪率的下降，主要归功于 1970 年实行的堕胎合法化——当时，各州已先后宣布解除对堕胎的限制，尤其是在 1973 年，罗伊诉威德案促使其他各州全部实行堕胎合法化。他们宣称，这一措施的效果令人吃惊，这两个人把 1991 － 1997 年期间“案件减少量的一半”以及 81% 的谋杀案下降比例，归结于堕胎数量在20世纪70年代初到中期的增长。他们肯定以为自己找到了减少犯罪的灵丹妙药。

“多余”的孩子与犯罪之间的理论联系非常简单，而且非常明显。大多数反对这一论断的人都是从道德角度出发的，而非反驳其论据。但是，无论人们如何看待道德因素的重要性，声称堕胎能预防某些谋杀和挽救生命的说法，至少会让一部分人重新审视他们的主张。遗憾的是，最初的论点从来就没有承认过堕胎可能会给犯罪带来的负面影响。因此，当我们回头剖析这些数据的时候，就会发现，这个观点在实证上根本就站不住脚。

我们首先看看70年代初美国整体的堕胎状况，也就是说，被多诺休和列维特视作为减少未来犯罪率奠定基础的这段时期。应该指出的是，与大多数人的想象完全不同的是，早在70年代初之前，美国法律也并没有全面禁止堕胎。尽管存在严格的法规，但堕胎在某些条件下，比如，在孕妇的健康或生命面临危险时还是合法的。在某些州，医生在解释这些法律条款时有很大的随意性。因此，在罗伊诉威德案之前，堕胎比大多数人想象的更为普遍。实际上，在1970－1973年，也就是堕胎在5个州“合法化”，但在其他州仍被“禁止”的这段时间，在某些实行“禁止堕胎”的州,其堕胎率甚至要高于实行堕胎合法化的州。例如，1971年，堪萨斯州每1 000例生育中就有277次堕胎，对于这个数字，即使是那些实行合法堕胎的州，比如说阿拉斯加利福尼亚州(160次)、夏威夷(261次)和华盛顿(265次)，也望尘莫及。高堕胎率在其他实行禁止堕胎的州也屡见不鲜，比如说华盛顿特区(703次)、新墨西哥(219次)和俄勒冈州(206次)。多诺休和列维特的主要问题在于，他们错误地假设：所有“禁止堕胎”的州在1973年都没有出现合法堕胎，因而以错误的统计方法来研究这个问题。

堕胎可以减少犯罪这一论点的核心问题在于，它混淆了两个论点：

第一个论点是“本不想要”的孩子应该更有可能涉足犯罪，特别是因为他们本身就是“多余”的，父母本来不希望生下他们，因此，他们很有可能生活在没有爱的家庭环境中，因而更有可能倾向于犯罪。另一个截然不同，但却不太令人舒服的解释是，堕胎减少犯罪，是通过削减某些犯罪率相对较高的群体，比如说男性黑人来实现的。如果堕胎真能减少犯罪的话，那么，这种“优生学”的效果肯定应该非常显著，因为美国黑人的堕胎率一直是白人的3倍左右，而涉及谋杀案的概率则是白人的6.5倍。

尽管多诺休和列维特的讨论一直围绕着“多余的孩子”这一论调，但是，他们从来就没有与优生法断然分离开来，显然，这一点在他们的研究中一直有所体现。事实上，多诺休和列维特似乎一直在自己的理论中刻意回避种族意识，因为在众多经济学家对犯罪问题的研究中，像他们这样没有从人口角度探求的研究少之又少。但在现实中，只要谈及这个问题，恐怕就已足够轰动，毕竟没有几个人敢冒天下之大不韪，有谁敢公开宣扬堕胎可以通过减少贫困黑人的数量而降低犯罪率呢？

堕胎与犯罪之间的关系极其复杂。我们首先需要考虑的是女性开始怀孕的环境和预期。请不要忘记经济学基本原则：如果有什么事越来越挣钱的话，就会有越来越多的人去做这件事。如果堕胎非法的话，那么，性生活可能会造成怀孕这一事实，就会加大性生活“成本”。没有任何一种避孕方法百分之百有效，如果不能把堕胎作为最后一道防线的话，性爱本身就有风险。对于婚前性行为，女性当然知道，她们很有可能必须承担起生育和抚养的责任，而且很有可能要独立承担这个责任。同样，男性也应知道，他们最终也可能要承担起抚养的责任，而且双方都知道，一旦有了孩子，他们就很可能不得不结婚，尽管他们的本意并不想结婚。因此，在堕胎非法的情况下，男女双方都会对性行为，尤其是未采取保护措施的性行为，采取谨慎态度。

相反，如果让堕胎合法化的话，就会带来截然不同的激励。堕胎可以让双方主动放弃不想要的孩子，因而也不必承担不期望的抚养责任，而且女性也愿意接受堕胎，当然，男性大多更愿意接受堕胎，这样，他们就不会太在意是否需要避孕，而且更有可能涉足婚前性行为。随着越来越多的女性在婚前出现性行为，社会也就会对这种行为越来越宽容。这就造成一种无形压力，促使其他女性涉足婚前性行为，其中也包括那些永远不想堕胎的女性。对于这些女性而言，婚前性行为的增加，必然会导致更高的怀孕率。而最终的结果就是：怀孕但却不愿意接受堕胎的单身女性越来越多。

事实上，很多研究均表明，由于合法堕胎增加了未采取避孕措施的婚前性行为，因而增加了意外生育的数量，甚至有可能超过因堕胎而减少的意外生育数量。从实行堕胎合法化的 20 世纪 70 年代初开始，一直到 80 年代末，婚外生育出现了大幅度增长，1965 － 1969 年的平均数为 5%，而 20 年后 (1985 － 1989 年) 则超过了 16%。对于美国的黑人，这个数字更是从 35% 增加到了 62%。尽管不能把这些增长全部归结于堕胎合法化的规定，但这绝对是一个关键性的诱因。

我们再回到个人层面看看这个问题。在堕胎合法的环境下，如果性行为导致女性意外怀孕的话，男性更有可能以堕胎来解决问题。但是，如果女性拒绝堕胎会发生什么呢？也许她从道义上就反对堕胎，也许她本想堕胎，但是在发现已怀孕时，却觉得自己无法忍受堕胎的痛苦。那么，这会带来什么后果呢？

很多男性觉得当父亲完全出于意外，自己是受骗者，并非出于自愿，于是，他们很有可能会一走了之，因为这些男人难免会有这样的想法：“我从来就没想要孩子，既然她想要，那是她的事，就让她一个人去养吧。”对于处于这种状况下的男性，他们的想法在过去的 40 年里已经发生了翻天覆地的变化。有证据显示，当无法选择更随意、更便利的堕胎之时，意外怀孕在很大程度上最终以“奉子成婚”收场，面对未婚先孕，男性作出了最值得尊重的选择——和自己的性伴侣结为伉俪。但是当堕胎成为合法选择时，男性就很少会心甘情愿地与拒绝堕胎的女性继续保持关系。

那么，这些不愿意当父亲的男性会怎么做呢？由于单身母亲不太可能把孩子寄养，因此，她们最终往往会独自承担起抚养这些孩子的责任。奇怪的是，尽管婚外生育率激增，但寄养率却大幅下降。在罗伊之前的20年里，19.3%的未婚先育白人女性选择把孩子送出去寄养，未婚黑人女性的这一比例则是1.5%。1973－1981年，这两个比例则分别下降为7.6%和0.2%，此后一直处于下降趋势。我们应如何解释这一现象呢？如前所述，在罗伊之后，反对堕胎或者至少自己不想经历堕胎的女性，带来了越来越多的非婚生子女。事实证明，这些女性并不愿意把孩子送交寄养。

对单身父母而言，工作以及其他方面的事情都需要时间，因此，不管他们多需要自己的孩子，都不可能像已婚夫妇那样在孩子身上花费大量的时间和精力；毕竟一个人不可能在孩子身上花费两个人的时间。虽然祖父祖母或是其他亲戚也可以帮一把手，但是从总体上看，单身父母的孩子得到的关心肯定要少一点。

与正常家庭的孩子相比，未婚同居双方生育的孩子同样也只能得到较少关爱。其中的部分原因在于，未婚同居双方分手的概率要远远大于已婚夫妇的离婚率。很多未婚同居者根本就不会结婚，因为他们从来就没有准备与对方厮守终生。如果双方都认为这种关系不可能永久维持下去，他们自然也就不会为了家庭而在职业上有所调整，或作出其他牺牲。因此，单身父母和未婚男女不太可能像已婚夫妻那样，给孩子讲故事或是陪孩子郊游，而更有可能动辄迁怒于孩子，或是把孩子当成负担。与正常孩子相比，婚外生育的孩子往往存在更多的社会问题，这一点极具普遍性。同样，

表 4-1 孩子在父母不同婚姻状况下出现各种问题的比例

	单身父母	同居父母	已婚父母
没有条件上学或完成学业的孩子（年龄：6～17 岁）	30%	31%	20%
在过去 12 个月里被勒令停学或被开除的孩子（年龄：12～17 岁）	23%	23%	10%
在过去 12 个月里逃学达到或超过 2 次的孩子（年龄：12～17 岁）	14%	10%	6%
身体不健康的孩子	8%	8%	3%
没有机会经常听大人讲故事的孩子	19%	21%	12%
没有机会经常被大人带着外出玩耍的孩子（年龄：0～5 岁）	23%	22%	16%
在这些方面表现为“高”概率的父母：难以照料自己的孩子；和孩子在一起的时间低于一般情况；孩子让他们感到非常烦躁；经常对孩子发怒	17%	11%	8%
在过去 1 年里更换学校的孩子（年龄：6～17 岁）	22%	21%	16%

未婚同居双方的孩子在成人后更有可能涉足犯罪，这一点应不足为奇。

因此，相反的论点也许更为明朗清晰，有些人强调堕胎能消除“不想要”的孩子，而另一些人则突出堕胎所增加的婚外生育。毫无疑问，这两种情况完全有可能同时出现。真正的问题在于：何者对犯罪的影响更大？

显然，这是一个必须通过实证研究才能回答的问题。遗憾的是，对于“堕胎减少犯罪”这个理论而言，多诺休和列维特的数据存在着方法上的缺陷。正如《经济学家》(*Economist*) 上一篇题为“悔过经济学”(Oops-onomics) 的文章中所言：“多诺休和列维特并没有进行他们自以为完成了的检验”。波士顿联邦储备银行 (Federal Reserve Bank of Boston) 的两位经济学家，克里斯托弗・福特 (Christopher Foote) 和克里斯托弗・戈兹 (Christopher Goetz) 发现，如果检验正确的话，这些数据应该能说明：堕胎实际上增加了暴力犯罪。在和约翰・威特利 (John Whitley) 共同进行的研究中，我们也发现，堕胎与谋杀之间存在着类似关系，也就是说，就平均水平而言，合法堕胎导致谋杀率增长了 7% 左右。

在按年龄进行人口分析时，我们发现，“堕胎减少犯罪”这一理论带来的问题尤为突出。我们姑且假设，整个 90 年代谋杀案总共减少量中的 80%，的确像多诺休和列维特所说的那样，可以归功于 70 年代堕胎的合法化。那么，堕胎合法化的作用，首先减少的，应该是堕胎法改革之后出生人群的犯罪率，因为通过堕胎，可以根除人口中“不想要”的那些具有犯罪倾向的不安定因素。但是，在分析 90 年代谋杀率下降数据的过程中，我和威特利发现，事实根本就非如此。恰恰相反，谋杀案犯罪率的下降开始于更年长的一代，早于罗伊诉威德案 26 年，甚至是在更早之前出生的人群。直到后来，才是罗伊诉威德案后新出生人群犯罪率的下降。

这样的趋势与堕胎合法化导致犯罪增加的理论倒是很吻合。实际上，在罗伊诉威德案之后 4 年内出生的人，其涉嫌谋杀罪的可能性要大于此前 4 年出生的人。尤其是当这些人进入青少年时期后，当他们成为“犯罪主力”时，情况更是如此。

但这还不是事实的全部。如果比较一下美国与加拿大的犯罪与堕胎的关系，我们就会发现，“堕胎减少犯罪”将会面临更多的矛盾和非议。尽管美国和加拿大两国的犯罪率几乎同时开始下降，但加拿大实行堕胎法的时间要远迟于美国。尽管魁北克省早在 1976 年底就已经开始实行堕胎合法化政策，但真正实现全国范围的堕胎法改革却从安大略省开始。直到 1988 年，加拿大最高法庭才正式取消禁止堕胎的规定。如果说美国的堕胎合法化改革在 18 年之后才开始显现效果，为什么在类似的情况下，加拿大的犯罪率仅仅在 3 年之后就开始下降了呢？

总而言之，即便我们认同堕胎效应之一，即通过消除“多余”的孩子而降低犯罪率，尽管这个结论本身就建立在不完善的统计基础之上，但是与堕胎通过增加婚外生育增加犯罪率的反作用相比，这种效应似乎就显得微不足道。应该指出的是，相对而言，对于合法堕胎带来的犯罪，美国黑人是更大的受害者。因为更多的堕胎、婚前性行为和非婚生育都发生在这个群体当中，进而导致更多的美国黑人成长于单亲家庭，并最终走向犯罪，而他们的犯罪对象也往往是黑人。

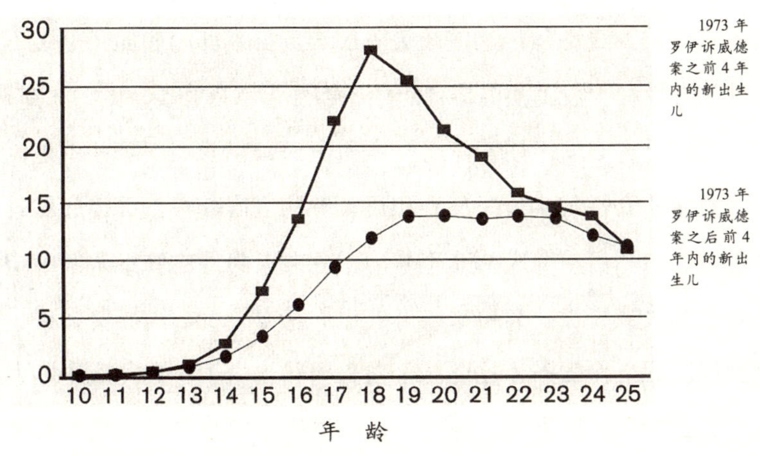

资料来源：45 个州及哥伦比亚特区

图 4-8　受堕胎法影响，罗伊诉威德案前后 4 年内出生的人犯谋杀罪的数据比较

因此，20 世纪 70 年代之后的“合法化”堕胎，实际上催生了更多的犯罪。但到了 90 年代，这种效应却在很大程度上被降低犯罪率的其他因素所抵消。在讨论这些因素之前，我们还是先看看另一个不利于打击犯罪的因素。

其二：平等雇佣政策

20 世纪 90 年代，也就是在犯罪率开始大幅下降时，很多警事部门就已经采取了“平等雇佣政策”(affirmative action policies，指雇主在选择雇员的时候一视同仁，不以种族或性别等原因进行差别对待。——译者注)。但深入的研究却告诉我们，犯罪率的下降与这些政策毫无关联。最令人不可思议的或许是：这些政策不仅导致警事部门雇佣了更多不具备条件的女性和少数民族警员，而且还增加了不符合要求的白人应聘者。

我们首先必须声明的是，从本质上说，犯罪率下降并不是因为雇佣了更多的女性和少数民族。相反，弊病恰恰就在于平等雇佣政策的实行。当然，在一个成员几乎是清一色白人男性的警察队伍中增加女性和少数民族警员，其带来的好处显而易见。少数民族警员在少数民族聚居区的工作效率往往要高于白人警员。由于少数民族居民大多倾向于信任少数民族警员，因此，他们更愿意向这些警员提供有助于抓捕和指控罪犯的信息。尤其是，这些少数民族警员如果成长于所巡逻的地区，则更有可能准确地预见出现于该地区的犯罪行为。此外，少数民族警员也是完成便衣任务的关键，比如说，打入少数民族帮派。同样，女性警员则有可能在强奸案或家庭暴力案件中，赢得女性受害者的信任，可以得到更多有价值的线索和更真实的信息，而且她们在执行某些任务，比如说侦破卖淫案件时，肯定比男性警员更加有效。

然而，平等雇佣政策的目的却不仅仅是实现警务力量多元化所带来的这些好处。与此相反，它的基本目标是提高少数民族和女性在警察部门的比例，以便反映周边社区的人口结构特征。但这两个目标并非总相辅相成，更不幸的是，实现后一个目标的方法，已经削弱了警务部门在打击制止犯罪方面的有效性。

平等雇佣政策试图转变以智力测验、力量测试以及犯罪背景侦察为基础的传统型警察招聘模式。就整体情况而言，由于女性在力量测试中的成绩肯定要逊色于男性，而黑人应聘者则在智力测验和犯罪背景侦察方面低于白人，因此，很多警务部门决定采用新的招聘标准，以扩大少数民族应聘者的入选比例。

警务部门的平等雇佣政策必然要涉及以下两种主要途径。首先是降低测试标准的整体难度，以保证少数民族群体和非少数民族群体达到相同的通过率。这种方法在以往几十年里的使用越来越普及。而主要途径就是以更模糊的心理测试取代认知测试或智力测验，通过询问应聘人最喜欢的颜色以及是否经常看电视之类的问题，判断应聘人的性格。这种测验的目的，就是为了保证来自不同群体的应聘人达到相同的通过率。在1993年针对23个大型警察局和治安部门进行的调查中，因测验对雇佣少数民族群体产生“不利影响”，导致20个部门减少了对认知测验的重视程度。其余3个部门则为了增加少数民族的雇佣人数，干脆彻底取消了认知测验。在这些被弱化了的新招募标准中，有这样一项规定：“应聘者的得分只要能达到在职警员最后1%的水平即可。”

路易斯安那州则为我们提供了一个颇具说服力的例子。在那里，警察局因司法部提出的一项诉讼案而取消了上岗考试。反对这项考试的理由是，白人应聘者的通过率为66%，而黑人应聘者的通过率却只有25%，而且考试内容与这项工作所要求的能力毫不相关。但该诉讼的事由显然不成立，它甚至未能解释考试的哪个部分与工作无关。此外，联邦法院的法官事前还曾针对另一个城市类似的诉讼做出过相反的裁决：考试并没有对应聘者形成任何歧视。然而，路易斯安那州警察局虽未支付诉讼费，但却取消了该项考试，并同意向未通过考试的黑人支付100万美元赔款。警察局甚至保证，一定要在这些未通过考试的候选人中重新招募18名新警员。

在某些城市，雇佣政策的变化，造成了大量因警务人员缺乏正规教育而带来的问题。例如，1986 － 1990 年，在华盛顿特区提交美国检察署的 938 项谋杀案中，居然有 311 项被驳回。当地一位起诉人指出："因为起诉人看不懂或是不理解警察写的逮捕报告，从而不得不把很多特区案件扔在一边。"很多警员甚至写不出能让大家都看懂的英文。

但是降低标准却未必能保证所有种族的人群都能实现相同的通过率。在芝加哥，为了保证平等雇佣，市政府花费了 510 万美元的资金，聘请咨询人员为他们开发"没有偏见"的考试，但最终的结果却是，那些没有被接受的少数民族应聘者仍未能通过考试。此后，芝加哥又在警员晋升制度中加大了工作经验在考评中的比重，采用抽奖制度招募消防队员，最终目的无非是保证新的招募对象具有适当的民族结构。

警务部门实施平等雇佣政策的第二种方法是"规范化"(norming)。这种方法的实质就是以适用于不同应聘对象的不同标准，达到相近的通过率。规范化招聘制度一般适用于警察和军队中的女性应征者。例如，在招募新兵时，要求女性必须在 18 分 54 秒内跑完 2 英里，而男性则要求是 6 分钟。女性应征者需要达到 2 分钟内完成 18 个俯卧撑和 2 分钟内完成 50 个仰卧起坐这两个要求，而男性应征者则需要在相同时间内完成 42 个俯卧撑和 52 个仰卧起坐。

规范化方法的施行，不可避免地会导致体能相对弱于男性的女性被留用。在公共安全系统的招聘中，男女在体能测验中的表现始终存在着较大差距：女性上肢的力量大约相当于男性的 44% ～ 68%，下肢力量相当于男性的 55% ～ 82%。体能较弱的警员必然有缺点，比如说，难以追捕和擒获逃窜的嫌疑人，或是在不使用武器的情况下对实施反抗的嫌疑人进行控制。此外，体能较弱的警员大量进入警察队伍，还有可能影响警务流程。例如，警察局必然要面临保护警员自身安全的压力，使之终止单人巡逻的惯例，减少徒步或摩托车巡逻，而更多地采用警车巡逻。

布雷恩·尼克斯（Brian Nichols）事件就反映出雇佣弱体能警员带来的内在问题。被告尼克斯33岁，体重达到196磅（1磅=0.4536千克。——译者注），被指控犯有强奸罪。在亚特兰大的法庭上，尼克斯居然制服了男警卫，抢走女警员的手枪，并用手枪打死一名法官、一名法庭记录员、一名警员和一名联邦侦探。押解尼克斯的警卫是一位副警长，女性，51岁，身高只有5英尺2英寸（1英尺=0.3048米，1英寸=2.54厘米。——译者注）。对此，《星期日邮报》（*Mail on Sunday*）的专栏作家玛丽·艾伦·西农（Mary Ellen Synon）发出这样的质疑："为什么把这样的任务交给女性，尤其是如此瘦小的女性呢？""因为亚特兰大警察局也和美国的其他很多警察局一样，承受着来自政府的压力，必须在'性别与民族'之间保持均衡；改变招聘规则，降低入门标准，以便让更多的女性和少数民族应聘者加入进来。"

那么，难道这一事件只是偶然现象吗？抑或揭示出平等雇佣政策所带来的更大的问题呢？为了回答这个问题，我收集了很多统计数据，据此分析了招聘规则和警察机构的人口特征结构对犯罪率、逮捕率和判罪率的影响。为了更好地解释犯罪率和逮捕率，我在分析中结合了一些人口、收入和社会经济方面的信息。此外，我还在分析中考虑了非法药品价格、枪支法以及各种警务政策等相关的因素。

结果令人震惊：在实行平等雇佣政策并降低了测验标准的城市，犯罪率急剧增长。但有趣的是，规范化政策所带来的副作用却不大。

同意判决令：警察局同意在招聘和晋升中执行平等雇佣政策而签署的协议，实则增加了当地的谋杀、其他刑事犯罪 以及财产犯罪的案发率。总之，当利用平等雇佣政策增加1%的黑人警员时，与之相对应的则是增加至少2%的谋杀率、近5%的暴力犯罪率以及4%的财产犯罪率。

但是，对黑人警员与犯罪率的增加进行简单的比较显然不恰当，这样往往会产生误导作用。在降低聘用考试标准时，黑人警员所占比例的增加仅仅是与更多的犯罪相对应，却不是造成犯罪增加的原因。问题的实质并不在于黑人警员的增加，而是在实施这些方法的部门中，所有警员的总体质量有所下降。绝大多数由此增加的犯罪，甚至根本就不能归咎于更多不合格的黑人警员，而是在于所有被录用的不合格警员。其原因在于，在以心理测试取代智力测验之后，不仅难以对黑人应聘者的能力和资质进行区分，对于白人、亚裔以及其他民族的应聘者，同样也变得良莠不分，优劣难辨。

相比之下，降低对女性应聘者体能测试标准所带来的副作用却极为有限。这很有可能是因为这些标准大多因规范化程序而有所降低；换句话说，仅仅是降低了针对女性的标准，却没有降低针对男性的标准。相反，增加女性应聘者录用的比例，对应着男性应聘者所能得到的职位有所减少，而这又意味着，男性应聘者将面对更为激烈的竞争，因此，他们的体能测验标准甚至反而提高。

但通过研究，我还发现，在降低女性的体能测试标准后，女性警员更容易受到攻击，更难以单独制服嫌疑人。这就促使警察局不得不把单人巡逻制改为双人巡逻制，同时减少步行和摩托车出巡次数。

为了弥补体能不足，女性警员可以求助于其他方式对罪犯实施控制，比如说使用枪支。尽管枪支是一种“强大的制衡手段”，但却无法彻底弥补体能上的劣势。正因为无法借助于体能优势抵御侵袭，保护自身安全，对于女性警员来说，也就没有太多时间决定是否应该向步步紧逼的嫌疑人开枪。这也许可以解释，为什么在降低体能测试标准和录用更多女性警员之后，警员枪支走火事件骤然剧增。

但具讽刺意义的是，平等雇佣同意判决令的实施，让原本在暴力犯罪下备受煎熬的美国黑人社区雪上加霜，犯罪率突兀地陡然上升。如果像平等雇佣政策所倡导的那样，警务人员执警力度不仅会降低，而且这对那些充斥着暴力和反抗的地区显然有害。即使要创造一支更具多样化的警察队伍，我们也应选择一种更好的办法来实现这个目标。简单地放弃智力测验，显然不是一种能让社会受益的策略。

加大法律惩罚控制了犯罪率

其一：死刑

既然堕胎和平等雇佣政策提高了犯罪率，那么是什么因素导致犯罪率在 20 世纪 90 年代出现大幅下降呢？如果能把解决问题的关键归结为唯一因素，那当然可以一劳永逸，不过，犯罪减少的真正根源，却是很多因素作用的结果。其中最重要的因素之一，就是最高法庭于 1976 年作出的恢复死刑的决定。3/4 的州马上就恢复了死刑，但直到 20 世纪 90 年代初，才开始真正执行大规模的死刑处罚。

显然，死刑会提高罪犯涉足犯罪的风险，尤其是谋杀罪。那么，由此提高的风险，是否会影响到罪犯行为呢？在尝试回答该问题之前，我们还是首先考虑一下：另一个面临同样风险的群体对死亡的危险有何反应。

学术界一直把警员划分为“极端危险”的职业。1955 年，55 名警员在执行任务时被犯罪分子谋杀，还有 67 人因公意外身亡。美国总共有近 70 万名全职执法人员，警员的被谋杀率达到 1/12 500，如果考虑到意外死亡的话，这一比率将达到 1/5 600。

尽管从事警察工作的危险不可消除，但警员毕竟还可以采取多种措施降低风险：穿戴防弹背心，通过特殊程序靠近汽车，在某些情况下，也可以等待后援，尽管这有可能增加犯罪嫌疑人逃脱的可能性。

警员所采取的这些措施，完全是出于人类面临死亡威胁的一种本能反应。越是危险行为，人们就越有可能回避这种行为，或是采取措施让这种行为更为安全。和其他任何人一样，这个规则也同样适用于暴力罪犯。和警员被杀害的危险相比，暴力罪犯被执行死刑的危险更大。2005 年，美国共有 16 700 人被判谋杀罪，其中 60 人被处决。也就是说，每 278 名谋杀犯中就有 1 人被处决。换句话说，谋杀犯被处以死刑的概率，是警员在执行公务中被故意杀害或意外身亡的 20 倍。

那些声称死刑不会影响暴力犯罪的人认为，在任何情况下，被判处死刑的危险都不会阻止罪犯实施杀人。“很难相信，在当今的美国，对死刑的恐惧将促使罪犯在杀人之前三思而后行”，史蒂芬·列维特如是说。尽管罪犯也和警员一样，在本性上不像教师或是会计那些对危险极为避讳，但是，如果说在他们的行为中考虑如此巨大的风险是不合常理的话，这样的看法显然有悖于人的本性。

死刑有效性目前还是一个广为争议的问题。但很多误导性文章频繁出现在主流媒体上，这不能不说是一件让人难过的事。比如说，目前发行量较大的《纽约时报》杂志，在恢复及未恢复死刑的各州之间，对 1998 年的谋杀率进行了比较。《纽约时报》最后得出的结论是：死刑在减少犯罪方面无效。该杂志还指出：“在 12 个未实行死刑的州中，有 10 个州的杀人案发生率低于国内平均水平。而在实行死刑的州中，却有一半的州的杀人案发生率高于国内平均水平。”

然而，这个简单的比较并不能说明任何问题。长久以来，由于死刑之外的其他原因，使这 12 个未实行死刑的州一直就保持着低谋杀率。1968 － 1976 年停止执行死刑的这段时期，这 12 个州的谋杀率始终低于其他大多数的州。但更重要也更有价值的信息是，截至 1998 年，在恢复死刑的各州中，谋杀率大约降低了 38%。

1968 － 1976 年，在这一停止实行死刑的时期，美国的谋杀率大幅度激增。在 70 年代，各种各样解释暴力犯罪激增的理论也层出不穷。

一些人认为，最高法院对米兰达 (Miranda) 案件所作出的裁定逮捕嫌疑人时应告知其享有权利的裁决，致使罪犯拒绝招供，或是阻挠审判程序的进行。其他理论则把谋杀率激增归咎于对犯罪行为处罚的力度不够或是逮捕率太低。但在 20 世纪 70 年代，支持性数据的缺乏，使得这些理论同时并存，不相上下。

1976 年，在重新恢复死刑之后，经济学家开始有针对性地对死刑进行研究。当时，来自芝加哥大学的一位年轻助教，艾萨克・尤尔里奇 (Isaac Ehrlich) 以开创性的研究得出了如下结论：每个死刑裁决可以阻止多达 24 起谋杀案的发生。但是，他的研究结果被自由派学者大肆批驳，甚至被视为离经叛道。不仅他的结论被彻底否定，尤尔里奇本人也被芝加哥大学除名。这个备受争议的理论甚至让他在其他大学也很难谋得一个讲席职位。然而，这个备受异议的发现却点燃了星星之火，促使人们对死刑有效性展开研究，其中甚至还包括由国家科学院召集的一次专题研究小组。不过，这个小组得出的结论却有些出人意料：加重处罚一般不会对犯罪行为产生抑制作用。

自最高法院在 1976 年取消死刑禁令之后，尽管很多州立即重新批准了死刑处罚，但在 90 年代前，死刑的实际执行情况却极为罕见，直到 90 年代，死刑才开始急剧增加。这引发了一系列针对死刑开展的新研究。除此之外，这些新研究还运用了大量以往研究所无法获取的数据，从而使得研究人员可以对各州在若干年间的犯罪率情况进行分析。

此项研究的背景是，死刑率出现显著增长，同时，暴力犯罪率迅速下降。1991 －2000 年，谋杀案减少了 9 114 起，与此同时，死刑的执行数却增加了 71 例。这些最新的研究，再度唤起人们对尤尔里奇理论的关注：死刑可以有效地抑制谋杀。绝大多数近期研究都表明：死刑确实对犯罪有抑制作用。从总体上看，这些研究都认为，每个死刑判决可以挽救 15 ～18 个可能被谋杀的潜在受害者。总之，在整个 90

年代，死刑的增加导致谋杀案的发生率降低了 12% ~14%。

尽管死刑一般都能起到打击犯罪的作用，但也不是没有例外。死刑不产生明显抑制效应的一种特殊犯罪，就是多个受害人同时在场的公开枪战 (multiple victim public shootings)。这是芝加哥大学的比尔·兰迪斯 (Bill Landes) 通过研究得出的结论。这个例外的原因在于这种犯罪行为的特殊环境：绝大多数杀人者在犯罪现场实施自杀或他杀。由于在这类罪犯中，大多数人极可能死于犯罪现场，因此，包括死刑在内的法律惩罚，实际上对他们已无威慑作用。

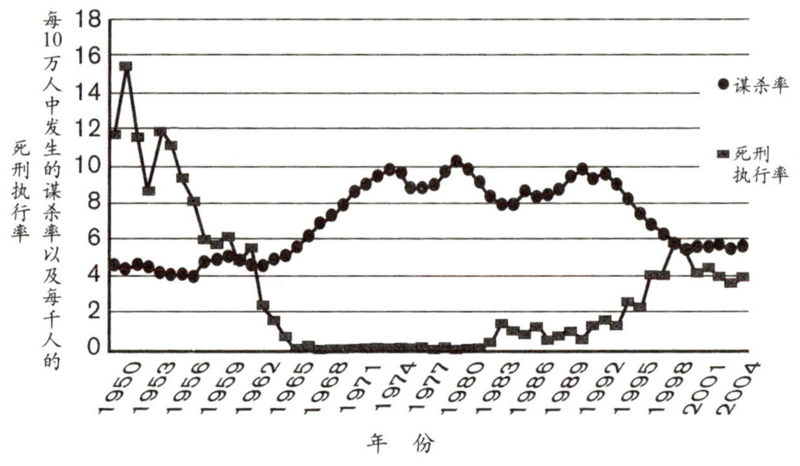

图 4-9　美国的谋杀率和死刑执行率 (1950 – 2005 年)

死刑的优点不仅体现在抑制谋杀方面。由于死刑可以适用于受害者死于强奸、抢劫或是暴力袭击的情况，因此，统计数据表明，死刑同样也有助于抑制此类犯罪的发生。但这并不等于说，应该把死刑直接用于这些犯罪行为。“过度”抑制同样有害。比如说，如果死刑的运用过于普遍的话，就有可能产生某些不正当的动机。假设对抢劫犯和强奸犯执行死刑处罚，那么，在这种情况下，由于罪犯面临着被判处死刑的危险，因此，他们会不择手段地杀死受害人以及所有目击者。尽管这确实有可能降低抢劫和强奸案案发率，但却可能造成更多的受

表 4-2 经济学家自 20 世纪 90 年代中期以来针对死刑进行的研究

	减少谋杀率	对谋杀率不产生明显可辨的影响	增加谋杀率
有可参考的出版物	(1) 艾萨克·尤尔里奇和刘志强 (Zhiqiang Liu)，《法律与经济学》(*Law and Economics*)，1999 年 (2) 约翰·洛特，《枪支对犯罪的抑制性作用》(*More Guns, Less Crime*)，芝加哥大学出版社，2000 年 (3) 戴尔·克罗宁格尔 (Dale O. Cloninger) 和罗伯托·马切西尼 (Roberto Marchesini)，《应用经济学》(*Applied Economics*)，2001 年 (4) 哈谢姆·戴奇巴卡奇 (Hashem Dezhbakhsh)、保罗·鲁宾 (Paul H. Rubin) 和乔安娜·谢佛德 (Joanna M. Shepherd)，《美国法律与经济学评论》(*American Law and Economics Review*)，2003 年 (5) 南希·莫坎 (Naci Mocan) 和罗伯特·吉廷斯 (Robert Gittings)，《法律与经济期刊》(*Journal of Law and Economics*)，2003 年 (6) 乔安娜·谢佛德 (Joanna M. Shepherd)，《法律研究杂志》(*Journal of Legal Studies*)，2004 年 (7) 杰罗德·齐默尔曼 (Jerold L. Zimmerman)，《应用经济学杂志》(*Journal of Applied Economics*)，2004 年 (8) 杰罗德·齐默尔曼，《美国经济学与社会学杂志》(*American Journal of Economics and Sociology*)，2006 年 (9) 刘志强 (Zhiqiang Liu)，《东方经济杂志》(*Eastern Economic Journal*)，待出版	(1) 劳伦斯·卡兹 (Lawrence Katz)、史蒂芬·列维特和艾伦·舒斯特罗维奇 (Ellen Shustorovich)，《美国法律与经济学评论》(*American Law and Economics Review*)，2003 年 (2) 理查德·伯克 (Richard Berk)，《实证法律研究杂志》，(*Journal of Empirical Legal Studies*)，2005 年 (3) 帕里什库玛·纳亚廷 (Paresh Kumar Narayan) 和拉塞尔·史密斯 (Russell Smyth)，《应用经济学》(*Applied Economics*)，2006 年	无
无可参考的出版物	(1) 比尔·兰迪斯 (Bill Landes) 和约翰·洛特，《对枪支的偏见》(*The Bias Against Guns*)，2003 年 (2) 乔安娜·谢佛德 (Joanna M. Shepherd)，《密歇根法律评论》(*Michigan Law Review*)，2005 年	(1) 阿曼达·杰勒 (Amanda Geller)、杰弗里·法根 (Jeffrey Fagan) 和富兰克林·齐姆林 (Franklin Zimring)，《得克萨斯法律评论》(*Texas Law Review*)，2005 年 (2) 约翰·多诺休 (John Donohue) 和贾斯廷·沃尔弗斯 (Justin Wolfers)，《斯坦福法律评论》(*Stanford Law Review*)，2005 年	无

害人被杀。

调查数据始终表明，绝大多数美国人支持死刑处罚。2006年，ABC新闻和《华盛顿邮报》通过联合调查说明，65%的美国人支持对杀人犯处以死刑，32%则持反对意见。而在巴西、东欧、日本和南非，支持死刑处罚的比例甚至更高。在英国，死刑也得到了多数人的赞同。这应该不是什么值得大惊小怪的事；正如美国最高法院大法官安东宁·斯卡里亚(Antonin Scalia)所言，尽管大部分公众持支持态度，但很多国家的法律依然禁止使用死刑。

很多人只是凭直觉意识到这一点，可经济学家直到今天才达成一致：死刑有助于抑制暴力犯罪和挽救生命。

其二：执法

> 根据司法部的一项研究，在去年，美国监狱关押的人数增长了2.6%，这也是自1999年以来的最大增幅。而这竟然是在2002年严重刑事犯罪下降的情况下出现的……卡内基·梅隆大学(Carnegie Mellon University)的犯罪学家艾尔夫雷德·布卢姆斯坦恩(Alfred Blumstein)指出，在犯罪率下降的情况下，监狱在押人数居然出现增长，这不符合逻辑……布卢姆斯坦恩教授认为……统计研究已经越来越清楚地告诉我们："没有任何理由能说明，在押犯人数和犯罪率应保持同步。"犯罪率衡量的是人们所遭受的犯罪数量，而在押犯人数则反映了社会对犯罪行为的处罚程度，它是随时变化的。
>
> ——富克斯·巴特菲尔德(Fox Butterfield)，《纽约时报》

在押犯数量在犯罪率下降时出现增加，真的就那么不可思议吗？

显然，只有那些不考虑犯罪动机的人才会对此大惊小怪，其中甚至包括很多犯罪学家以及《纽约时报》的记者。尽管这些人多少会怀疑，把更多的罪犯关押起来可能会抑制犯罪，但大多数研究却表明，对罪犯的处罚越坚决，他们所实施的犯罪就越少。对犯罪分子的逮捕率往往是减少各类犯罪行为的首要因素。虽然死刑这样耸人听闻的事件更有可能招致媒体的关注,但真正保卫社区安全的,还是日常的警务工作。16% ~18% 的谋杀率下跌可以归因于逮捕率变化。还有 12% 则可以用判刑率变化来解释。逮捕率和判刑率对其他类型暴力犯罪的影响甚至还要大些，而它们对财产类犯罪的效果就更大，往往可以达到暴力犯罪的 2 ~3 倍。

虽说提高逮捕率有助于抑制犯罪是无可争议的事实，但是，延长判决刑期也有类似作用的证据却尚不明确。其中原因很简单：从方法上看，要衡量一个罪犯应该在监狱里呆多久，其难度很大。而实际服刑期往往要短于判决的服刑时间。此外，对任何一种犯罪行为，其实际服刑时间，也会因嫌疑人的犯罪历史和犯罪行为的严重程度不同，而存在着较大差异。遗憾的是，研究人员却很难获得这些数据。

逮捕率、判刑率以及预期服刑期的长短，都将对罪犯形成威慑作用，因为这代表着他们为其犯罪行为所付出的代价。但是，即便在这些威慑面前，仍然会有一些人铤而走险。显而易见，把最具犯罪倾向的人关在监狱里，可以让习惯性犯罪远离社区，这将进一步减少犯罪。实际上，还有 10% ~12% 的犯罪率降低，可以归功于监狱关押犯人数量的增加。

事实上，如果采取逮捕或指控的话，即使被判入狱，也是一种有效的惩罚。正如我们在第 2 章里所提到的，这些声誉上的处罚，也许是犯罪分子所面对的最严厉的惩罚。

其三：携带枪支法

和死刑一样，允许公民进行自卫可能已不再有争议。在过去的30年里，人们对秘密携带枪支的态度发生了翻天覆地的变化，已先后有30个州允许个人秘密携带枪支，到2007年，这个数字已经增加到40个。在这些州，达到一定年龄（18岁或21岁）的公民在通过犯罪记录审查之后，只要接受批准就可以秘密携带枪支，在某些州，还要求申请人接受枪支使用培训课程。其中，在阿拉斯加利福尼亚州、佛蒙特州以及蒙大拿州的绝大部分地区，甚至对秘密携带枪支不作任何管制。还有8个州要求申请人在说明携枪理由之后，领取秘密携带枪支许可证。目前，仅有伊利诺斯州和威斯康星州还全面禁止公民秘密携带手枪。

在以往的几十年里，随着公民秘密携带枪支权力的日渐普及，各州均逐渐认识到其好处。所有事实都表明，没有任何一个州在放松了领取秘密携枪许可证的规定之后又采取相反的措施，实施新的限制性规定。放松秘密携枪对犯罪的影响绝不可等闲视之：美国目前至少发放了400多万张秘密携枪许可证。仅是对私人持枪态度比较温和的宾夕法尼亚州和佛罗里达州，就合计发放了110万张秘密携带枪支许可证，即使是一些对枪支管制极为严格的州，持有私人枪支许可证的人数也相当可观，尤其是纽约市和马萨诸塞州。

尽管秘密持枪确实可以对付犯罪分子袭击，但持枪者数量剧增也存在一些显而易见的弊端。枪支意外走火可能造成误伤，而持枪者也能以不负责任的态度滥用枪支。其中最主要的问题是：秘密携带手枪所能解救的人，比起被置于它所带来的风险之中的人，到底何者更多？

合法持有枪支带来的风险极有限，这点毋庸置疑。愿意接受审核许可程序的人，大多是遵纪守法的人，相比而言，犯罪分子当然不愿经过审批程序、接受犯罪记录审核并缴纳费用。例如，从1987年10

月 1 日至 2006 年 12 月 31 日，佛罗里达州共发放了 1 228 284 张秘密携带枪支许可证，但是因违反规定而被撤回许可证的却只有 158 人，相当于全部申请人的 0.01%。即便是这个数字，也很有可能夸大了秘密携带枪支的危险性，因为即使是在这些被撤回许可证的人当中，绝大多数也只是因为无危险的意外事件，比如无意携枪进入武器限制区，而被撤回许可证。此外，佛罗里达州撤回率一直处于不断下降的趋势，在过去的5年里,每年因武器违法事件而记录在案的撤回均未超过1例。通过对持枪许可证发放情况进行研究，《国家杂志》(*National Journal*) 发现，许可证持有者“在遵纪守法方面的表现之好，出人意料，甚至比那些未执勤的警察还要安全”。

还有一点同样也不言自明：合法持有枪支可以让持枪者不太可能受到犯罪分子的攻击。当然，在打击犯罪方面，警察仍然是最重要的，但是，他们往往是在犯罪分子实施犯罪行为之后才能达到现场。那么，个人应怎样阻止犯罪呢？事实上，拥有一支枪，这本身就是最有效的抑制手段。这是司法部全国犯罪受害人调查局 (National Crime Victimization Survey) 的研究结果。从 1973 年开始，该机构每年对大约 77 000 个家庭进行调查，涉及的人数将近 134 000 人。无论这些犯罪分子是否持有枪支，也不管犯罪行为的发生地点，这一结论都普遍地适用。

例如，在 20 世纪 90 年代，对于使用枪支进行自卫的受害人，受到身体伤害的仅占全部携枪受害人的 3.6%。与此形成鲜明对比的是，在这些受害人中，还有 5.4% 逃离或驾车脱身；12.6% 大声呼救；13.6% 的人对未持有枪支的犯罪分子采取了反威胁。但对于那些未采取自卫措施的受害人，他们的命运就悲惨得多，55.2% 的人受伤。在顾虑公众谴责的英帝国主义者面前，甘地的和平抵抗策略或许还行得通，但是要说服犯罪分子，却需要另一种完全不同的方法。

我和经济学家斯蒂芬·布罗纳斯 (Stephen Bronars) 曾经通过研究

发现，大量证据显示，犯罪分子会选择迁离实行秘密携带枪支合法化的地区。我们的研究对象是州边界线两侧相对毗邻，且对秘密携带枪支采取相反政策的郡。研究发现，如该郡所在的州已实行携带枪支法，其暴力犯罪将呈下降趋势，而相邻的不允许秘密携枪的郡，其暴力犯罪率则呈上升趋势，且前者的下降幅度为后者上升幅度的 4 倍左右。暴力型犯罪分子也许很残忍，但他们不一定愚蠢。至少他们不会愿意呆在会随时遭遇秘密携枪的被攻击对象的地方。

显而易见，秘密携带武器可减少犯罪。总体而言，在实施秘密携枪法之后的 8 ～9 年，谋杀案的发案率每年平均下降 1% ～1.5%，而抢劫和强奸案的发案率的年均下降幅度也在 2 个百分点左右。私人拥有枪支的好处也要超过由此引发的意外伤亡之类的弊端。尽管这种情况确实存在，但相对而言并不多见，2004 年，在全美国 1 亿名枪支拥有者中，仅有 649 例意外事件报告。此外，学术界的研究还证实，因枪支产生的意外死亡率，并未因携带枪支法的通过而提高。

但是，某些分析人士仍认为，秘密携枪对犯罪并不一定有抑制作用。不过，绝大多数反对者在费尽周折之后，研究结果总会不约而同地证明他们本来的想法是错误的。例如，为证明私人枪支会导致更多犯罪这一结论，马克・杜根 (Mark Duggan) 对私人持枪法带来的影响进行了 30 次统计假设估计。但是在对录入错误进行纠正之后，其中的 16 项统计假设估计均表明，犯罪率的下降在统计上具有显著性，而只有 1 项表明，犯罪率的增加在统计上具有显著性。其他一些旨在否定持枪法减少犯罪率的重大研究，也都存在着类似的问题。

总之，通过上述三种打击犯罪的方法——提高死刑判决率、提高逮捕率和判刑率以及持枪法的通过，可以对 90 年代犯罪率下降中的 50% ～60% 作出解释。尽管这三种解释都还存在争议，但它们在降低犯罪率方面的有效性已为时间所证明。

表 4-3 经济学家对持枪法进行的学术研究

	减少暴力犯罪	对暴力犯罪不产生明显可辨的影响	增加暴力犯罪
经学术审查的出版物	(1) 约翰·洛特和戴维·玛斯塔特 (David Mustard)，《法律研究杂志》(*Journal of Legal Studies*)，1997 年 (2) 威廉·巴特利 (William Bartley) 和马克·柯恒 (Mark Cohen)，《经济调查》(*Economic Inquiry*)，1998 年 (3) 约翰·洛特，《法律研究杂志》(*Journal of Legal Studies*)，1998 年 (4) 威廉·巴特利 (William Bartley)，《经济学通讯》(*Economics Letters*)，1999 年 (5) 布鲁斯·本森 (Bruce Benson) 和布兰特·马斯特 (Brent Mast)，《法律与经济学期刊》(*Journal of Law and Economics*)，2001 年 (6) 卡里斯利·穆迪 (Carlisle E. Moody)，《法律与经济学期刊》(*Journal of Law and Economics*)，2001 年 (7) 戴维·玛斯塔特 (David Mustard)，《法律与经济学期刊》(*Journal of Law and Economics*)，2001 年 (8) 戴维·奥尔森 (David Olson) 和迈克尔·马尔兹 (Michael Maltz)，《法律与经济学期刊》(*Journal of Law and Economics*)，2001 年 (9) 弗洛伦斯·普拉斯曼 (Florenz Plassmann) 和科劳斯·泰德曼 (Nicolaus Tideman)，《法律与经济学期刊》(*Journal of Law and Economics*)，2001 年 (10) 霍华德·马尔沃 (Howard P. Marvel)，《法律与经济学期刊》(*Journal of Law and Economics*)，2001 年 (11) 约翰·洛特和约翰·威特利 (John Whitley)，《经济调查》(*Economic Inquiry*)，2007 年	(1) 丹·布莱克 (Dan Black) 和丹尼尔·纳金 (Daniel S Nagin)，《法律研究杂志》(*Journal of Legal Studies*)，1998 年 (2) 杰斯·路德维格 (Jens Ludwig)，《国际法律与经济评论》(*International Review of Law and Economics*)，1998 年 (3) 史蒂芬·列维特和约翰·多诺休 (John Donohue)，《经济学季刊》(*Quarterly Journal of Law and Economics*)2001 年 (4)M.V. 胡德 (M.V.Hood) 和格兰特·尼利 (Grant W. Neeley)，《社会科学季刊》(*Social Science Quarterly*)，2000 年 (5) 马克·杜根 (Mark Duggan)，《政治经济杂志》(*Journal of Political Economy*)，2001 年 (6) 格兰特·杜维 (Grant Duwe)、托米斯拉夫·科瓦迪季奇 (Tomislav Kovandzic) 和卡里斯利·穆迪 (Carlisle E. Moody)，《凶杀案研究》(*Homicide Studies*)，2002 年 (7) 托米斯拉夫·科瓦迪季奇 (Tomislav Kovandzic) 和托马斯·马尔维 (Thomas Marvell)，《犯罪学与社会政策》(*Criminology and Public Policy*)，2003 年 (8) 哈希姆·戴斯巴卡什 (Hashem Dezhbakhsh) 和保罗鲁宾 (Paul Rubin)，《国际法律与经济评论》(*International Review of Law and Economics*)，2003 年 (9) 国家研究委员会 (National Research Council)，国家学术出版社 (National Academies Press)，2005 年	无

	减少暴力犯罪	对暴力犯罪不产生明显可辨的影响	增加暴力犯罪
经学术审查的出版物	(12) 埃里克·霍兰德 (Eric Holland) 和亚历山大·塔巴克 (Alexander Tabarrok,《经济学分析与政策的最新进展》(*Advances in Economic Analysis and Policy*), 2004 年 (13) 威尔森 (Wilson), 国家学术出版社 (National Academies Press), 2005 年 (14) 约翰·洛特和约翰·威特利 (John Whitley),《经济调查》(*Economic Inquiry*), 2007 年 (15) 约翰·洛特, 芝加哥大学出版社, 1998-2000 年	(10) 托米斯拉夫·科瓦迪季奇 (Tomislav Kovandzic) 和托马斯·马尔维 (Thomas Marvell) 和维埃雷伊斯 (Vieraiis),《凶杀案研究》(*Homicide Studies*), 2005 年	无
未经学术审查的出版物	(1) 约翰·洛特和史蒂芬·布罗纳斯 (Stephen Bronars),《美国经济学评论》(*American Law and Economic Review*), 1998 年 (2) 弗洛伦斯·普拉斯曼 (Florenz Plassmann) 和约翰·威特利 (John Whitley),《斯坦福法律评论》(*Stanford Law Review*), 2003 年 (3) 比尔·兰迪斯 (Bill Landes) 和约翰·洛特,《对枪支的偏见》(*The Bias Against Guns*), 2003 年	(1) 伊恩·艾莱斯 (Ian Ayres) 和约翰·多诺休 (John Donohue),《斯坦福法律评论》(*Stanford Law Review*), 1999 年 (2) 伊恩·艾莱斯 (Ian Ayres) 和约翰·多诺休 (John Donohue),《斯坦福法律评论》(*Stanford Law Review*), 2003 年	无

对犯罪率不关痛痒的因素

其一：年龄

正如我们在讨论堕胎问题时所看到的，不同年龄群体的犯罪率也不同。暴力犯罪率最高的群体为 17 ~25 岁的男性青年。在 20 岁之前，犯罪分子实施杀人的概率一直随年龄的增长而增加，而此后则开始下降。到 29 岁时，犯杀人罪的可能性只有 20 岁时的一半。尽管在不同时期，不同年龄群体实施犯罪的相对比例会有所变化，但对任何一个年度而言，二十几岁年轻人的犯罪率永远高于三十几岁的中年人。不妨假设，如果我们可以用一种魔术把所有二十几岁的年轻人都变成35岁或45岁的人，那么，谋杀率将出现大幅度降低。年龄较大的人，不可能像年轻人那样容易实施暴力犯罪。

尽管从总体上看，年龄和种族对犯罪率的影响非常重要，但它们在推动90年代犯罪率下降的过程中，却并未发挥多少作用。在以往30年中的绝大部分时间里，16～30岁的人群在总人口中的比重一直在缓慢下降。年轻人的总体犯罪率下降幅度如此之大，这便让年龄因素可能产生的影响显得微不足道。

其二：枪支管制

枪支管制的提倡者似乎胸有成竹。他们曾预言，当联邦政府的攻击性武器禁令于2004年9月23日到期终止之时，也就是在它生效的10年之后，枪支犯罪将横行肆虐，无所顾忌。枪支控制的主要倡导者，萨拉·布兰迪(Sarah Brady)曾警告说，枪支禁令的取

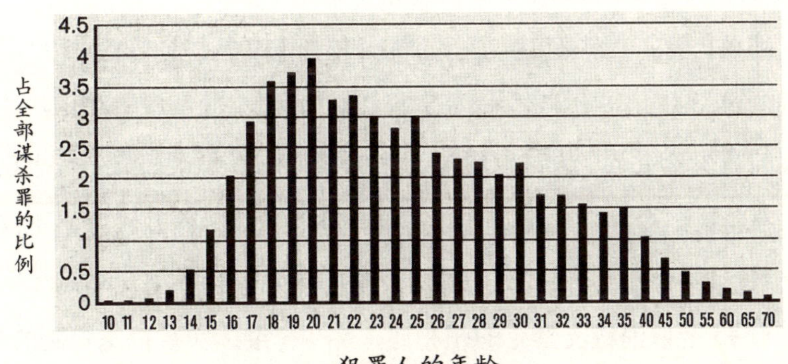

图4-10 各年龄段实施谋杀罪的百分比(1976－2002年)

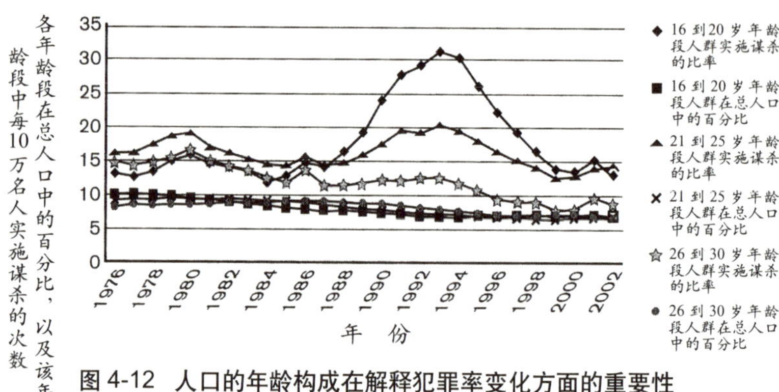

图 4-12 人口的年龄构成在解释犯罪率变化方面的重要性

消，将“让我们的孩子用Uzis和AK-47(AK-47，是俄语Автомат калашникова образца 1947 года第一个字母的缩写，意思是卡拉什尼科夫1947年定型的自动步枪，是由苏联枪械设计师米哈伊尔·季莫费耶维奇·卡拉什尼科夫设计的自动步枪。——译者注)武装起自己”，让大街“充斥着武器和暴力”。对此，参议员查尔斯·舒莫尔(Charles Schumer)的说法更是煽风点火，他甚至把禁枪令的取消称为“让恐怖分子能随心所欲地选择杀人武器”。按照他的观点，持枪杀人和抢劫案件数量将直线上升。他警告我们：只有那些继续实施枪支禁令的州，才有可能在这场即将到来的血腥屠杀中幸免于难。

那么，现实中到底发生了什么呢？根据FBI的统计资料，2004年，全国的谋杀率下降了3%，这也是自2000年以来的首次下降，持枪杀人案的减少量更是令人难以置信，达到了4.4%。但最让人不可思议的是，在枪支禁令到期之后，谋杀率竟然逐月减少。而且谋杀率不仅仅是一般程度的减少，要知道，单单是8～12月，就下降了14%。

与43个取消枪支禁令的州相比，那7个继续实行枪支管制的州，其谋杀案发生率的减少幅度反而较小，前者的平均数为3.4%，而后者的平均数却只有2%。尽管我们还不清楚，取消枪支禁令和减少犯罪率之间到底有着怎样的关系，但有一点却是千真万确的：枪支禁令并没有减少犯罪。

在克林顿执政期间，司法部资助的一项研究显示，禁止攻击性武器的使用对枪支暴力的影响效果“尚不确定”。该报告作者于2004年8月披露了最新的研究成果，并对1982 – 2000年期间的犯罪数据进行分析（其中涵盖了美国政府实施攻击性武器禁令的时段）。其结论是：“我们尚无明确的证据证实，美国枪支暴力的减少与禁令有关。”

这个结果并不意外，因为被禁止携带的枪支与没有被禁止携带的枪支相比，没有任何特殊之处。同样，它们和任何半自动狩猎步枪一样，具有完全相同的功能；用一样的子弹，有一样的射击速度，还具有一样的破坏效果。尽管“攻击性武器”这个说法总会让我们联想起军队使用的机关枪，但机关枪绝对不属于被禁止的范围，因为早在禁枪法生效时，拥有机关枪就已经是非法行为，而禁枪法实施之后，对机关枪的禁令依然有效。但半自动武器和机关枪的射击原理却完全不同。只有掏出半自动枪支的所有内部零件然后再彻底改装，才能把半自动武器变成机关枪。

枪支控制法第二关键的因素在于1994年的《布兰德法案》(*Brady Act*)。按照该法案，在购买枪支之前必须进行犯罪记录审核，在1998年之前，还要求必须接受5天的等待期。但是在该法案颁布之后，经济学家和犯罪学家却一直无法确认它对犯罪率产生的影响。禁枪法最大的问题在于，它只对遵纪守法的枪支所有者产生约束作用。而犯罪分子总能想方设法找到非法枪支，这就像他们总有办法弄到毒品一样。当然，我们每个人都想进一步减少犯罪，但现实却明白地告诉我们，禁止公民拥有枪支显然不是一个有效的办法。

悬而未决的破窗理论

假设一座楼房的几扇窗户玻璃已被打碎，如果不及时维修的话，蓄意破坏的人就会打碎越来越多的窗户。最终，他们会捣毁整座大楼，如果楼里没有人住的话，他们就会擅自盘踞整个楼房，甚至在里面肆意纵火玩乐。

> 或者，我们也可以想象一下人行道。假如最初只堆了一点垃圾。那么，垃圾就会越堆越多，最终，人们就会从餐馆或汽车里直接把垃圾袋扔到大街上。
>
> ——詹姆斯·威尔森(James Q. Wilson)和乔治·凯林(George L. Kelling)

20世纪80年代初，威尔森和乔治·凯林就犯罪问题提出了一个颇具说服力的新理论。他们认为，像破坏窗户这样的小问题会形成一种恶性循环，迫使守法公民不得不离开那些环境日趋恶劣的地区，最终使之为犯罪分子所独据。如果犯罪现象像打破的窗户那样到处滋生蔓延，犯罪分子就会发现，实施犯罪会变得越来越容易，因为随着守法公民的不断离开，目击证人也就越来越少。因此，打击犯罪的关键在于防微杜渐，对原本司空见惯的小问题也要斩钉截铁，毫不手软。有些专家甚至把90年代纽约市犯罪率的下降归功于“破窗”式警务政策，对蓄意破坏、在公共场合酗酒、乞讨以及随地小便之类的轻微过错严加惩处。

与1990年相比，全美国的谋杀案数量减少了7 921起。其中，纽约市的谋杀案减少了1 572起，占全部减少量的20%。在整个90年代，纽约市的谋杀案减少量是其他30个最大城市平均数的2.4倍。尽管纽约市的暴力犯罪及财产犯罪的总体减少幅度不及谋杀案，但仍是全国平均数的2倍多。

但是，除了警务执勤策略之外，城市生活中的其他因素也在90年代发生了巨大变化。其中最重要的因素也许就是全职警员数量的增加，从1990年的26 844人增加到2000年的39 779人。纽约市的人均警员增长率大约是其他大城市的2.5倍。此外，纽约市还对警员招募标准实施了重大改进，并大幅提高了警员的工资待遇。

事实上，在整个90年代，纽约市警务力量在面貌和性质上都发生了翻天覆地的变化。早在80年代，整个纽约市警察局人手短缺，人心涣散，士气低落，被自相矛盾的规章制度折磨得毫无斗志可言。谈到前面所说的平等雇佣政策给纽约市警察局带来的副作用，前人事主任迈克尔·朱利安(Michael Julian)这样说："在80年代时，警察局甚至不对应聘者进行体力测验，这无非是担心少数民族和女性应聘者起诉警察局。由于体力测验过松，结果，一些被录用的警员甚至连手枪扳机都扣不动。今天在大街上执勤的这些警察，至少有几百人只能眼睁睁看着嫌疑人从眼皮底下逃走，而他们所能做的只是给其他警察打电话，因为他们根本就没有体力去追赶嫌犯。" 但是，纽约市警察局是为数不多的、不赞同平等雇佣政策的警察局之一。从1994年开始，警察学院重新恢复了原本被弃置不用的体力测验。随着高素质警员人数的增加，纽约市的逮捕率开始上升，而犯罪分子则发现，这里绝不是他们实施犯罪的宝地。

证明"破窗"警务政策总体效果的证据更是喜忧参半。一方面，大量证据强有力地表明，当警察机构在某一地区提高逮捕率，加大执法力度，或是当地公民具有更强的自卫能力时，罪犯就会转移到警备更为宽松的地方；另外，某些分析人士却发现，年轻男性把所在社区视为犯罪高发地的观念与他们涉足犯罪的概率之间，并无直接关系。

更直接的方法就是，从实施“破窗”警务策略或其他类似警务策略的多个城市入手，分析它们的犯罪率。通过对来自美国各大城市的1万人进行的检验，我发现，这些警务策略的作用完全是混杂难辨的，对于任何一种随机选择的模式，犯罪率都会有增有减，毫无规律可循。比如说，在实行“破窗”警务策略的城市里，谋杀案和汽车盗窃案的发案率实际上都出现了上升，而强奸案和盗窃案的发案率则表现为下降。也许是纽约市警察局找到了更好的办法，让它们的警务策略更加有效。在减少“大苹果城”(Big Apple，纽约市的昵称。——译者注)犯罪率的诸多因素当中，“破窗”警务策略或许就是其中之一，但如果任何一个城市完全依赖于“破窗”策略，而不采取其他任何措施，我们很难期望得到什么好结果。

自我强化害死无辜猫咪

对于殃及无辜受害者的暴力犯罪，执法并不是一件容易的事；至于对均有违法意愿的双方达成违法协议的案件，执法就更是难上加难。我个人曾有过一次亲身经历，这次经历不仅可以说明如何在这种情况下有效执法，而且还可以告诉我们，协议双方甚至可以采取自我强化(self-enforcement)的手段来达到个人目的。具体而言，这种强化是通过创造抑制作用，也就是说，双方之间的彼此不信任，而得以实现的。

我在加利福尼亚州大学洛杉矶分校上学时，一位朋友准备搬走，临行前，他问我能否把刚刚收养的一只小猫留在我这里寄养。这只小猫有灰色皮毛，我的朋友把它称为“同盟者”。我和妻子都不太喜欢这只猫，于是，我们想让公寓管理员收养它。但管理员却说，她一定要征得公寓房东的同意之后才能收养，因此在等到答复之前，我们还得继续留着这只猫。

几个星期之后，我们仍然没有得到回音。就在这段时间，我们发现“同盟者”患上了猫科白血病，这是一种在猫科动物中传染性极强的传染病。如果采用抗生素的话，患病的猫仍然能活很久，否则，即使是轻微的感染也会致命。

管理员最终给了我们一个答复：只有支付更高的房租，我们才能继续留下这只猫。尽管我也愿意这样做，但是她又告诉我，实际上我们根本就做不了，因为这将违反租金控制法。我想尽了所有一切能给“同盟者”找个新家的办法，但都无济于事。它的前主人说，自己的新公寓不允许饲养宠物，其他朋友要么就是已有了自己喜欢的宠物，要么就是不想收留一只衰老的病猫。动物收容所的员工则说，即使接受了“同盟者”，他们也只能对它进行催眠，以免感染其他猫。

于是，我只好拨通了房租控制委员会的电话，向他们说明情况，并咨询我是否可以得到房租控制法的豁免权，以便于让房东允许我继续留养“同盟者”。委员会代表的回答简单明了：“如果他们让你留着，你就留着；如果他们不让你养，你就不能养。”我只好再次央求对方：只有支付更高的房租，我才能留下这只猫。对方显然已不耐烦，但回答却一如既往：只有房东同意，我才能继续收养。于是，谈话就这样在你来我往的重复当中，整整僵持了40分钟。

倍感冷落的我只好求助于加利福尼亚州大学洛杉矶分校法学院的法律援助机构，期待这些朝气蓬勃的年轻律师们能给我指点迷津。他们的意见更是直截了当：只需要违反规定支付额外的房租即可。但房东肯定不会考虑这个建议：因为按照规定，一旦管理部门发现我支付的房租超出正常水平，就会责令房东向我双倍返还额外支付的部分。

在某些情况下，房东可能会为了多收点房租而冒上几个月的险，但是，如果承租人连续几年多交房租的话，房东最终很有可能要为此付出巨大代价，因为单凭这一点，承租人就足以要挟房东了。如果房东和承租人双方都同意多支付房租，在这种情况下，房东将单方面承担法律责任。因为按照房租控制法，此时的承租人将被视为受害者。

这种法律特征在实行房租控制的城市里非常普遍。例如在洛杉矶，违反房租控制法的房东，将会被处以向承租人支付 3 倍赔偿的惩罚。伯克利房租控制委员会的詹姆斯·戈登 (James Gordon) 向我解释了这项规定的基本原理："按承租人是否提出多收费的指控而确定是否赔偿，这种做法非常有效。"他还补充说，尽管一个承租人提出支付非法房租的投诉往往不足以给房东定罪，"但即使在这种情况下，我们也总能打赢绝大多数官司，至于有多个不同承租人投诉的情况，胜诉几乎是板上钉钉、十拿九稳的事"。他解释说，归根结底，房东收取高额房租毕竟是极少出现的现象，因为一旦出现这种情况，最有可能承担责任的就是房东。即使承租人已经搬走，他们也会寝食难安，因为承租人在搬迁之后仍能通过起诉而获得赔偿。

于是，心情郁闷、别无选择的我，只能把"同盟者"送到收容所去催眠。从经济学的角度看，这件事情到底能给我们带来什么启发呢？它告诉我们：达成交易的双方，按照租金控制法会被一分为二，一个被划分为"掠夺者"，另一个则被定义为"受害者"，这就产生了房东对承租人的不信任。即使协议双方都能通过这个私下订立的契约而受益，房东也会认为，承租人将产生越来越强烈的动机，促使自己最终打破约定，起诉房东。而这种不信任，则催生了一种极度有效的自我强化的机制。

通过不信任而创造自我强化的观点，乍听似乎另类，但我们也可以在其他领域体会到相同的作用机制，比如说，最低工资规定就是一个例子。从本质上讲，最低工资法必然导致更高的失业率，因为一个守法的公司要提高工人收入，就会减少雇佣的工人数量，以保证总工资支出的水平。但是，由于失业工人肯定愿意接受实际收入低于最低工资的工作，而那些不守法的企业又恰恰想找到这样的工人，因此，要指望工人自己去执行最低工资法，似乎注定会失败。那么，当双方有一方违法时，你又会怎么做呢？

然而，最低工资法的自我强化同样也极有效。在符合最低工资法适用范围的美国公民中，仅有1%的收入低于规定的最低工资，但即便是这1%的违法行为，也大多是雇主无意中犯错的，绝非明目张胆地置法律于不顾。在1 000名美国政府代表的监护下，这项法律得到了有效执行，此外，他们还分别承担着对加班工资、工资核算以及童工标准进行监督的责任。这说明，工人有足够的动机去举报雇主违反最低工资法的行为。尽管一开始，他们可能会因迫切需要这份工作而接受低工资，但随着工作时间的延长，他们就会越来越感到有必要起诉自己的雇主。在这种情况下，迫不得已的雇主往往要向工人赔付双倍于工资差额部分的赔偿金。我们发现，在记录在案的最低工资违法案件中，75%～80%都是工人自己举报的。

但自我强化机制对外国非法移民却束手无策。在收入低于最低工资的工人中，绝大多数都来自这个群体。但是，企业为什么要雇佣这些违法工人呢？很明显，和美国公民相比，外国非法移民更可能接受低工资。但企业却有着另一个不为人关注的动机去雇佣他们：这些非法工人不会秋后算账，不会在以后因低收入而把自己告上法庭。与合法居民不同的是，一旦因被起诉而暴露身份，这些非法移民就会面临被驱逐出境的危险。这和黑社会帮派接受新成员是同一个道理：加入这个帮派的见面礼就是干一次坏事。和雇佣非法移民的企业一样，黑社会帮派也知道，如果打交道的人和自己是一丘之貉，那么，双方交往就会更安全，因为一旦向警察告密，他们自己也难逃厄运。

用心良苦却适得其反

要求对手枪上锁有利于避免意外伤亡，这一点似乎毫无争议。显而易见，布什总统就是这么想的——尽管在人们的心目中，他也许是一个能带来欢乐的得克萨斯州牛仔，但是截至2005年底，他的政府已经发放了超过3 200万只板机（GunLock，板机或枪机闭锁机。板机是指闭锁机构中用于直接关闭枪膛的部件。——译者注）。此外，布什还批准了联邦立法委员会提出的一项法案，帮助枪支制造商避免因不计后果的法律诉讼而招致的损失，该法案还要求所有手枪在出售时必须配备板机。各州官员也开始逐渐采纳这个观点——已有18个州规定，如枪支被青少年不当使用的话，枪支所有者将承担法律责任。然而遗憾的是，所有这些努力都适得其反，因为板机与安全保存法招致的死亡，远远多于它们所能预防的死亡。

经济学家发现，虽然是无意而为之，但其他一些安全法规居然也具有降低安全性和增加事故的作用。这是因为，这些安全法规的固有作用因某些人承受更大的风险而大打折扣。一个典型的例子就是安全驾驶规定。某些人认为，只要坐在车里面就比在车外面安全，因此，他们总是习惯于鲁莽地高速飙车。虽然安全驾驶规定可以减少单位事故的伤亡人数，但却导致交通事故的数量大幅增加。总之，在执行安全驾驶法规之后，交通事故的数量并未减少，反而增加。药瓶安全盖也存在类似问题。20世纪80年代，保护婴幼儿的安全瓶盖带来的结果居然是："由于安全瓶盖的出现，减少了消费者在使用过程中的安全防范意识……造成3 500名5岁以下婴幼儿出现了阿斯匹林类药物中毒事件。"某些证据甚至表明，尽管配备了更完善的安全防护措施，但仍有更多的儿童在游乐场受伤，原因是有些淘气的孩子"为了寻求刺激而采取了更冒险的行动"。

板机也存在着类似的此消彼长的问题。虽然板机可以减少意外死亡事故，但也会导致人们在危机时难以用枪来保护自己。这不仅会鼓励犯罪分子实施侵害行为，与此同时，也增加了这些攻击者的成功概率。在通过板机法之后，入室抢劫和凶杀案不约而同地增长了 20% 左右。正如上文所述，在面对歹徒侵害时，拥有一支枪绝对是最安全、最有效的保护措施。但上锁的枪支在危急时刻却很难立即派上用场。

但是，儿童意外枪击致死事件要比人们印象中的数量更少。2003 年，在美国 4 000 万 10 岁以下儿童中，仅发生了 20 起意外枪击致死事件。虽然说枪击致死更容易引起外界关注，但其却并不是儿童意外死亡的首犯，相比之下，相同年龄段儿童死于意外窒息的概率要比意外枪击高出 41 倍，意外溺水死亡的概率比其高出 32 倍，意外火灾死亡概率则比其高出 20 倍。在 15 岁以下的儿童中，2003 年的意外枪击致死事件为 56 起，仅是同年龄段儿童因其他原因意外死亡数目的一小部分。

考虑到超过 9 000 万的美国成年人至少拥有一支枪，因此，按照这些在尚未实行强制性安装板机规定的情况下得到的统计数字，我们应该可以认为，绝大多数持枪者对枪支的使用和保管是极其谨慎的。

但是，即便是如此微不足道的悲剧性事件，也足以让人们认为：安装板机是一个好主意。如果说，板机可以避免儿童因意外导致伤害自身、兄弟姐妹或是他们的朋友，那么，为什么不使之成为强制性规定呢？然而，这个逻辑本身就错误，因为意外开枪杀死儿童的人，其本人几乎都不是儿童，而主要是二十几岁的男青年。事实上，在 10 岁以下的儿童中，几乎很少有人能拉开半自动手枪上的枪栓。大多数意外开枪者都有酗酒或犯罪记录。此外，在他们的身上，出现撞车事故的概率也要远远高于一般人，而且这些人更有可能被吊销或被拒签驾驶执照。即使板机可以防止儿童使用枪支，但这却根本不能阻止成年男性有意识地使用武器。因此，如果说板机对防止意外枪击致死的作用微乎其微，或者说毫无意义，这也不会是什么不可思议之事。

板机法与安全保存法被人们奉为防止自杀的良策，绝大多数学术研究却发现，这种作用几乎不存在。自杀可以有很多种方式，只要一个人铁了心想死，无论有没有枪，他都能找到结束生命的方式。经济学家约翰·威特利和我通过研究发现，枪支安全保存法对任何一种类型的死亡都无济于事。因为遵守这些法律的人，往往是那些一贯奉公守法的人，而在他们的身上，几乎根本就不会发生枪支致死的事件。但这些法律却的确可以影响到人们用枪实施自卫、抵御侵害者的能力。1977 – 1998 年，在实行枪支安全保存法的各州，每年都要出现 300 起以上的谋杀案和 4 000 多起强奸案，入室行窃案件也出现了大幅增长。

如果一种方法强迫人们给枪上锁，或是不鼓励人们拥有枪支，这自然会带来更多死亡。在某些情况下，即便是用心良苦的法律，也会带来最意想不到的结果，让无辜之人付出生命代价。

并非小题大做

20 世纪 90 年代初，美国量刑委员会曾试图对企业的犯罪处罚政策进行修改。一方面，如前所述，这项改革的目的就是解决环境犯罪处罚的不一致性问题；另一方面，从传统角度来看，那些实施恶性环境犯罪的企业，比如说油轮出现严重的油料泄露和倾倒事故，必须支付相当于破坏金额的罚款。相比而言，对于比较轻微的环境犯罪，比如说从油轮上倒一桶废弃物，罚款却往往是估计损失额的若干倍。量刑委员会对赔偿比例关系进行了修订，以保证越是严重的环境犯罪，其赔偿金额相当于损失金额的倍数就越高。

尽管新规定在逻辑上似乎合理，但以往政策的依据却更有效。严重的油料倾倒事件几乎是无法隐藏的。我们几乎可以百分之百地对犯罪事实以及责任人作出确认，但对于从船上倒下一桶废弃物这样的轻微犯罪现象，要认定犯罪实施人甚至发现犯罪事实，恐怕都不是一件容易的事。这也是量刑委员会的政策在实际中变得适得其反的原因所在；如果我们想消灭一种环境犯罪的动机，就必须保证，犯罪分子在实施轻微犯罪时，一定要面临相对较为严厉的处罚，只有这样，才能抵消他们相对较高的逃脱惩罚的可能性。

第 5 章

功与过：做得太多

Voting Rights and Voting Wrongs

犯罪与处罚之间，蕴含着怎样的经济学原理？那些“理所当然”的常识与法规，真的没有任何疑点？政府干预究竟减少还是增加了犯罪？

市场自由化和政治自由化总是携手并肩，相伴而行。虽说一个威权政府也可能主宰自由经济，但这种情况却是极为罕见。一个不信任其臣民，不提倡民主选举的政体，通常严格控制臣民的经济活动和信息知情权。

既然这如此重要，我们当然有必要从经济学的角度，对美国的选举程序和历史加以分析。这项研究给我们带来了很多出人意料的结论。首先，我们发现，一直被认为源于罗斯福总统“新政”(New Deal)的政府扩张，实际上早已开始，而且在很大程度上应归因于某一特定的市民群体获得了选举投票权；其次，一些旨在改进投票体系的措施，比如说匿名投票制，反而带来了意料之外的副作用，尤其是投票率的大幅度降低；再次，我们可以通过评价近期选举中的各种欺诈指控，来辨别合法的问题与党派的欺诈性宣传。最后，我们揭示了存在于媒体和公立学校，大多数人接收信息和形成世界观的两种载体。

女性投票与政府膨胀

很久以来，经济学家们就一直在思考：政府规模扩大的真正原因何在。除了战争时期以外，美国联邦政府在一战前的支出水平相当于GDP 的 2% ~3%。可一战之后，美国政府支出第一次没有回落到战前的低水平。到了20世纪20年代，美国政府的非军事支出一直处于稳步增长状态。到了30年代，罗斯福总统的“新政”，常常被视为美国政府规模扩大的起源，则让这种趋势继续延续下去。那么，在罗斯福上台之前，到底是哪些变化促成了美国政府规模的扩张呢？答案就在于女性参与投票。

几十年来的投票结果告诉我们，作为一个群体，女性投票一直与男性有所区别。1980－2004年的7次总统大选中，“性别差距”，男性选民与女性选民在投票方式上的差异，在6次大选中的差异数字达到了两位数，最大的差异出现在2000年，达到了22%。这种差异表现为女性更倾向于支持民主党，它具有非常重要的政治意义。如果扣除女性选票的话，共和党将在1968－2004年的所有总统大选中让民主党一败涂地。

实际上，性别差异存在于多种情形中。但最明显的例子很可能体现在对待缩减美国政府规模和减税问题的态度上，相对于女性来说，这两个问题对男性而言重要得多。在很多独立的问题上，男性和女性之间的态度迥然不同。比如说，在1996年推行的联邦政府福利改革中，对接受福利补贴规定了时间限制，同时对福利补贴的接受者提出了一些工作上的要求，对此，女性更倾向于反对这种改革，而对医疗、社会保险和教育支出等改革，女性则更倾向于支持。

研究表明，女性一般比男性更加厌恶风险。她们更倾向于支持旨在抵御日常风险的保险性政府计划。此外，女性的平均收入水平一般较低且易在不同时段内出现波动，这就促使那些单身女性更偏向于累进所得税。但已婚女性则不同，因为丈夫的收入一般都相对较高，她们就需要承担份额较大的所得税。由此，比起其他女性，已婚女性显然更不愿意接受累进程度较高的所得税率。

但是，婚姻却同时为男女之间不同的政治取向提供了一种经济基础。由于女性一般要承担养育儿女的大部分责任，而已婚男性则更可能成为养家糊口的支柱，依靠其赚钱本领而成为家庭的主要收入来源。如果一个男人离婚的话，他仍然保留着这种能力，但如果一个女人离婚，她根本就无法弥补她为家庭付出的艰辛。因此，那些认定自己终将结婚的单身女性，就会像那些最担心离婚的女性一样，希望能从政府那里找到一种防备离婚风险的庇护，也就是高度累进的纳税体系及其他劫富济贫式的政府转移制度。一个女人越是肯定自己不会离婚，她就越有可能反对这种转移制度。可以说，这很合乎情理，尽管每个社会都不乏利他主义者，但是对大多数人而言，只要认为自己得不到好处，他就不可能愿意与政府分享自己的家庭收入。

因此，我们可以看到，某些类型的女性更可能支持规模更大的政府。那么，她们是否会一直如此呢？女性在 19 世纪和 20 世纪的交接之际获得了投票权，这是否有助于解释美国政府规模的不断扩大呢？

要分析女性投票权对美国政府规模扩大的直接影响，最好的分析方法，莫过于研究一下 48 个州政府在女性获得投票权之后是如何扩大的。最早赋予女性以投票权的，是西部几个女性人口比例相对较低的州——怀俄明州 (1869 年)、犹他州 (1870 年)、科罗拉多州 (1893 年) 和爱达荷州 (1896 年)。1910 – 1914 年，又有 8 个州相继实现了女性投票权，1917 – 1919 年，又继续扩展其他 17 个州。至此，女性已能在 29 个州进行投票，到 1920 年，《宪法：第 19 修正案》(*Nineteenth Amendment to the Constitution*) 通过，标志着女性投票权在全国范围内彻底实现。

如果女性参与投票扩大了美国政府规模的话，那么，我们的分析就应对此提出一些确定性指标。首先，在女性占人口比例较大的州，女性投票权应对政府支出和税收产生更大影响。其次，在各州有投票权的新增人口中，西部女性的比例相对较大，因此，西部州政府规模应表现出稳步增长的趋势。

如图 5-1 所示，女性参与投票导致投票人数剧增。在她们实现投票权之后，参加投票的人数占成年人口的比例马上从 25% 增加到 37%，在随后的 10 年里，以较缓慢的速度继续增加到 43%。图 5-2 显示了批准女性投票权的时间与人均州政府收入和支出之间的关系。图中的曲线表明，在女性获得投票权之后，州政府的规模立即出现显著增长。在女性开始投票之前的 5 年中，州政府支出有 4 年表现为下降。但在女性获得投票权之后的 4 年内，州政府支出连年超过此前最高水平。而在短短的 11 年里，实际人均支出就已经翻了不止一番，对于州政府规模而言，这样的增长速度显然令人吃惊。

但正如这些图形所隐含的意义，我们还要考虑女性投票权本身是否推动了政府规模的扩大，或者说，政府规模是否因女性获得投票权所带来的某些政治或社会变化而膨胀。

幸运的是，我们可以通过女性投票权中一个与众不同的方面，来

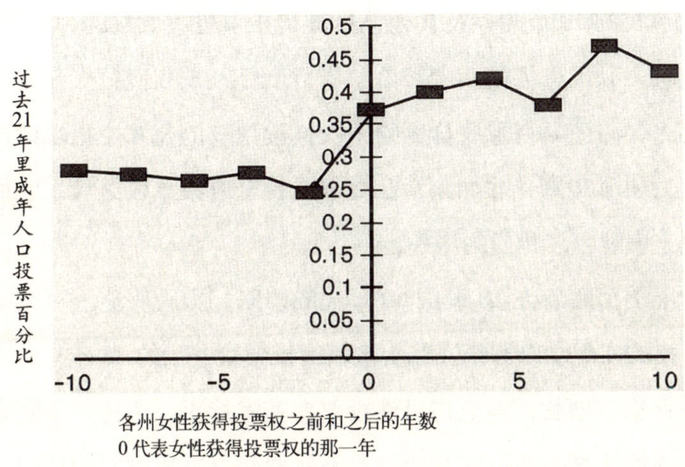

图 5-1　女性获得投票权对成年人口投票百分比的影响

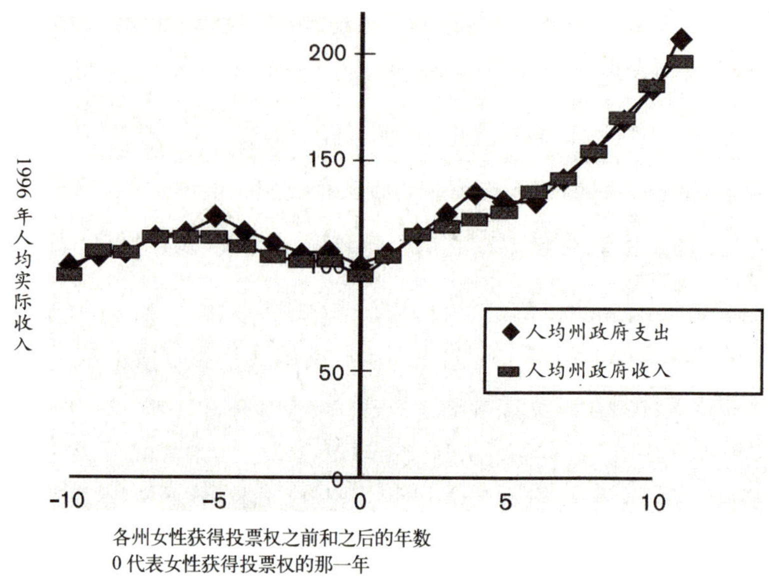

图 5-2　给予女性投票权对人均州政府收支的影响

回答这个问题：对比一下在通过《宪法：第 19 修正案》之前尚未实行女性投票权的 19 个州，及其他已批准给予女性投票权的 10 个州。如果有某种未知因素促使两者都希望实行女性投票权以扩大政府规模的话，那么，应该只有那些自愿给予女性投票权的州才会出现政府规模的扩张。但事实却并非如此，在批准女性享有投票权之后，它们在政府规模上表现出了相似的增长。

对于美国政府在 20 世纪 60 年代的膨胀，很大程度上可以通过女性投票权的实现加以解释。在女性获得投票权之后的 45 年里，女性投票率一直稳步增长，直至与男性投票率基本持平。要让一个刚走出政治桎梏的群体真正履行其投票权，必然要经过一段时间的适应，这不难理解。在经历了长期被剥夺投票权的压抑之后，她们不可能像男人那样对政治充满热情与期待。毕竟，如果一个人长期不能参与政治，他就不可能有动力去关心政治。因此，要培养这个刚解放群体对政治的兴趣，并像投票历史更长的男性群体那样，把投票当成一种习惯，这往往需要几十年的时间。从 20 年代到 60 年代，随着女性投票意识的不断加强，她们逐渐成为选民中越来越重要的一股力量，与此同时，联邦政府和州政府的规模也日益扩大。

但性别之争却并未到此为止。70 年代初，正当女性在选民中的比例刚刚能与男性分庭抗礼时，美国社会又开始面临着另一场变革：美国家庭开始趋于分裂，离婚率和婚外生育率有所抬头。

女性婚姻状况与其投票方式之间的关系密不可分。就总体而言，随着离婚率升高，女性选民的思想意识会趋于自由化。在女性的一生中，她们的政治观点往往比男性更富于变化。年轻单身女性在初入社会时，其思想往往比男性更开放，支持民主党的概率要比男性高出 50% 左右。如前所述，这些女性不仅会支持较高的教育及福利支出，而且倾向于累进程度较高的所得税。但对于已婚女性来说，性别差异仅相当于上述比例的 1/3 左右，至于有孩子的已婚女性，她们的政治倾向则更保守。但有孩子的离婚女性却恰恰相反，她们支持民主党的概率居然比男性高出 75%。

政策不断提供坚实有力的基础支持，为的是让政府不断扩大其规模，这样的假设应不足为奇。例如，无过错离婚法（no-fault divorce，是指要求离婚的一方配偶无须证明对方配偶存有过错，而只需简单说明夫妻双方无法继续共同生活便可获取法庭的离婚判决。——译者注）的通过，毫无疑问地对提高离婚率起到了推波助澜的作用，于是，不断增加的离婚者，自然要求政府为他们提供越来越多的支持，这就为扩大政府规模提供了充分的理由。在实行过错离婚法的情况下，丈夫必须想方设法让妻子同意离婚，归根结底，要想摆脱婚姻，他们很可能要支付给妻子一大笔补偿金。而妻子为家庭投入得越多，她们在同意离婚之前要求丈夫赔偿的金额就会越高。但无过错离婚法却彻底颠覆了这种关系，极大地削弱了妻子的离婚谈判能力。如果丈夫提出离婚，妻子的谈判筹码却只能是说服丈夫把这段婚姻继续维持下去。因此，在实行无过错离婚的情况下，一个为家庭付出太多的妻子，必将面临着这样现实的风险：为家庭与婚姻投入得越多，其离婚谈判能力则越低。在这种情况下，女性就越有可能倾向于保住自己的饭碗，以防一旦离婚，就失去了生活来源，于是，她们为家庭奉献得越来越少，为可能发生的离婚准备得越来越多，这必然会导致夫妻关系更加脆弱不堪，结果这提高了离婚的可能性。

女性参加投票给美国政治带来了一场翻天覆地的变革，它所影响的绝不仅是税收政策和政府规模。比如说，允许女性参加投票的州更有可能实行禁酒令，因为禁酒运动的中流砥柱基本上是中产阶级女性。尽管在大多数人的心目中，“性别差异”仅仅是20世纪60年代之后才出现的事物，但不可否认的是，女性投票权从诞生之日起，就给美国政治带来了巨大变革。

抓住降低投票率的罪魁祸首

人头税、匿名投票以及读写测验

今天，大多数美国人都不否认，匿名投票对于实现真正的民主有着不可磨灭的贡献，至于最初被某些州用来限制美国黑人参加选举的人头税（poll tax，按定额向每个人征收的税种。——译者注）和读写测验（literacy test，一种检验文化水平的识字测验。——译者注）则彻底与公平二字无缘。这些假设的准确性是毋庸置疑的，但这些措施却给选民的投票率带来了意想不到的影响：不仅人头税显著降低了选民投票率，匿名投票竟也有同样的效果。相比之下，读写测验对投票率的影响则微乎其微。

人头税是公民在登记或投票之前必须缴纳的税款，其最初的本意是保证那些对政府支出进行投票的人也必须为支出作一份贡献，尽管税款本身的数额少到只具有象征意义，但不管怎么说，人头税最终却成了遏制投票率最典型、最无可争辩的例证。从1870年开始，先后有16个州实行了人头税，到了1963年，就只有5个州还在继续收取该项费用。1964年，联邦选举首先彻底禁止了人头税，随后，在1965年，州选举也取消了人头税。尽管在北部和西部只有少数几个州实行人头税，例如马萨诸塞州、内华达州和宾夕法尼亚州，但是南方11个州却曾经无一例外地全部实行过人头税，他们的目标很明确，就是限制黑人参加选举。实际上，很多南方白人认为这种做法是“解决投票问题的主要措施，在不剥夺太多白人选举权的同时，让黑人失去投票资格”。尽管人头税的数额相对很少（只有1～2美元），而且在不同时间的变化也不大，但它却让投票率有效地减少了10个百分点左右。

人头税的影响十分深远，甚至在其被取消多年之后，投票率依然止步不前。在废除人头税之后的那次选举中，投票率仅仅提高了屈指可数的4个百分点，而投票率恢复到实行人头税之前的水平，则经历了20多年的时间。直到20世纪80年代初期，在亚拉巴马州、阿肯色州、密西西比州、得克萨斯州和弗吉尼亚州这几个州，投票率仍然比实行人头税之前低1个百分点。在这里，我们可以看到，人头税对投票率的影响和女性投票权一样，都存在着明显的滞后效应。由于人头税让大多数美国黑人无力参选，因此，很多即将成为选民的黑人对政治几乎漠不关心。即使在废除人头税之后，也整整经历了一代人的时间，美国黑人对政治的参与程度才恢复到以往的水平。

无论是多么有想象力的人，都很难把人头税这样带有明显歧视性的做法和实施匿名投票这样具有进步意义的改革联系到一起。但遗憾的是，对于匿名投票来说，它的很多方面确实不像我们想象得那样美好。匿名投票并非早期美国民主不可或缺的基石。1882 年，肯塔基州最早开始实行匿名投票，而最后实行匿名投票的南卡罗来州则是在 1950 年。匿名投票的目的在于建立一个更公平的选举体制，从而提高选民投票率。这种制度的确在很多选民中取得了成功，最终，他们可以随心所欲地去投票，而不必担心自己的选择会冒犯或得罪什么人。

但从总体上看，匿名投票的效果只能说是事与愿违——在引入匿名投票之后，选民投票率平均下降了 4% ~5%。这种现象可以部分地归咎于人们在使用匿名投票时的邪念。历史学家曾告诉我们，南方民主党曾利用匿名投票“压制文盲选民的投票率，以防止共和党和人民党当政”。其具体手段就是在调整选票类型的同时，引入匿名投票法。在实行匿名投票之前，投票手续非常简单，只需要选择不同颜色代表不同党派的卡片即可。但此后的情况则完全不同，主持者把各党派的名称写在选票上，这就增加了那些文盲选民的投票难度。然而，这只能部分地解释匿名投票造成的投票率下降问题，只有一小部分合法选民真的连党派名称都不认识，即使在实行匿名投票之前，他们中的很多人也未投票。

但更有意义的却是，匿名投票导致投票率下降所带来的效应是积极有益的，它减少了选票购买，或者说选举行贿的可能性。匿名投票难以验证投票人的投票结果，于是，花钱让选民给某个候选人投票的做法即失效。但当选民无法因投票而得到回报时，其投票动力也相应降低。

读写测验的出现要晚于匿名投票。最终有 19 个州实行了读写测验，其中有 8 个州在 1900 年之后开始实行。照此做法，在投票之前，所有准备参加投票的选民，首先要朗读一段较为常见的文章，比如说《美国宪法》(U.S.Constitution)。尽管读写测验与南方各州有着千丝万缕的联系，但实行这一制度的绝大多数州(11 个州)却分布在其他地区：亚利桑那州、加利福尼亚州、康涅狄格州、特拉华州、缅因州、马萨诸塞州、新罕布什尔州、纽约州、俄勒冈州、华盛顿州和怀俄明州。

几十年来，人头税是让美国黑人远离投票的主要原因，因此，读写测验对投票率的影响几乎可以忽略不计。但是从 20 世纪 30 年代到 50 年代初，南方各州开始逐渐废除人头税。此时，他们需要用一种新方法来抑制黑人参与投票，于是，南方各州官员开始有意识地通过读写测验来达到该目的。据估计，读写测验使南方各州在 1948 年的投票率降低 6 个百分点左右。1965 年通过的《投票权法案》(*Voting Right Act*)，最终迫使南方各州彻底废除了读写测验，而在此之前，可以说，它对民主党长期独掌南方 11 州的大权功不可没。然而，尽管读写测验一直延续到了 20 世纪中叶，但是从历史上看，真正对南方投票选举产生实质性影响的，依然是最古老的人头税和匿名投票。

选举舞弊

每个忠实的人都希望能看到一个公平准确的全民选举。在美国，我们通过各种各样的制度和规则来约束和控制投票过程，以保证选举过程的真实性和完整性，其中包括身份要求、缺席投票(absentee ballot，选民无法亲自前往投票站时邮寄或者请人代投自己的选票的投票方式。——译者注)、初选投票、邮寄投票以及登记手续和投票时限等措施。但人们对其中的某些措施却颇有微词，有些批评人士认为，这些措施实际上降低了投票率，或是助长了选民的欺诈行为。这些指责有一个共同之处：从最基本的经济学角度来看，如果我们让选民把更多的时间浪费在履行烦琐的程序上，就会增加投票“成本”，于是，我们可以预期到，投票的人将变得越来越少。但是，只要对投票规定进行全面分析，我们就会得出一个截然不同的论断：尽管个别规定确实有可能增加选举舞弊的风险，但大多数制度有助于增加选民对投票体系的信心，从而提高投票率。

人头税对投票率的遏制作用是无可辩驳的。在很多地方，当然，这也是人头税最主要的目的。但这些规定在减少欺诈舞弊方面的作用却不够清晰。由于选举舞弊在美国依然是一个非常严重的问题，因此，人们把这种方法视为纠正偏差的手段。比如费城等一直因舞弊而臭名远扬的城市，“尽早投票、经常投票”几乎已经成了这些城市的座右铭。在费城曾经发生过一件骇人听闻的例子：民主党的监票员凡尼·帕帕尼科劳 (Fani Papanikolau) 假冒死人的身份重复投票。最后，帕帕尼科劳被指控伪造 100 多张选票。类似的事件在亚特兰大也曾经发生过，而在圣路易，10 年之前死去者的名字居然还留在选民登记簿上。

尽管佛罗里达州在 2000 年的总统大选中因剥夺选民投票权而闻名，但实际上，选举舞弊已让该州苦不堪言。在 1997 年迈阿密市市长选举中，几千张伪造的缺席投票甚至改变了选举结果。第二年，在全部登记的 810 万名选民中，佛罗里达州的官员竟然发现，有 17 702 人已经死亡，47 000 人在多个投票点重复登记，还有 50 483 名无权投票的重罪刑犯。其他州也存在这种现象，比如，有些州的投票主管机构指出，登记人数要多于该州的实际人数。《华尔街日报》的约翰·方德 (John Fund) 曾撰写过一本关于选举舞弊的书，他猜测，在 2006 年底蒙大拿州和弗吉尼亚州的参议员选举中，选民舞弊现象很可能决定了选举结果，进而操纵了两州参议院。

正是有了某些以增加投票率为初衷的投票法规，才使得这些舞弊成为可能。例如，缺席投票便于选民在投票地区以外进行投票，但它也是选民舞弊最“臭名昭著”的源泉。协助选举委员会 (Election

Assistance Commission)2006 年的报告指出："对于把缺席投票作为首要问题的观点，目前尚未达成共识。"我们不妨看一个触目惊心的例子：1998 年，前宾夕法尼亚州民主党议员奥斯汀·墨菲(Austin Murphy)在缺席投票中伪造疗养院患者姓名，因而被指控在选举中舞弊。疗养院管理人员甚至因协助使用患者姓名而得到了奖金。

除了伪造投票人之外，缺席投票还为收买选票大开方便之门，因为缺席投票和匿名投票出现之前的情况一样，选民作出的决定可以在提交投票前为他人所知。因此，考虑到 2006 年大选的缺席投票率达到 25%，这些弊病绝不可忽视。

允许潜在选民通过邮寄形式进行投票登记，同样也增加了投票舞弊的概率。2006 年 10 月，密苏里州的左翼立即改革社区组织协会(Association of Community Organizations for Reform Now，ACORN)，在圣路易市和堪萨斯市分别递交了 1 500 张和 3 000 张以上明显伪造的投票登记卡。此外，其他形式不合规范的登记卡在密苏里州的其他地区同样四处皆是，比如说伪造签名、被登记人是无投票资格的青少年或是已逝者。

针对投票人欺诈所带来的种种问题，两党联合制定了更为严格的登记管理规定和选民身份要求。然而，这些要求却遭到了部分民主党成员的反对，他们担心这些以反舞弊为目的的规定会限制合法选民参加投票。马萨诸塞州参议员约翰·克里(John Kerry)甚至把提供照片的要求讥讽为"新兴种族主义时代的人头税"。而民主党则倾向于支持更严格的反投票舞弊规定，他们声称，这将有助于提高选举体系在选民中的信誉，从而提高投票率。于是，两个党派在该问题上出现严重分歧，最终导致他们在亚利桑那、佐治亚、印第安纳和密苏里等州的法院上针锋相对。

那么，我们怎样才能证明，反舞弊规则到底是提高了还是降低了投票率呢？要回答这个问题，我们不妨首先研究一下这些规定对其他国家的影响。一个不错的例子就是墨西哥。1992 年，墨西哥实施了一些严格的反选举舞弊法规，参加投票的选民必须提交一张包括个人照片和指纹的选民身份卡。身份卡本身即可防伪，包括全息摄影照片、内置安全码以及包含更多保密信息的磁条。投票人还要用不能拭除的墨水留下指纹，以防止重复投票，这就更降低了选民作弊的可能性。

此外，墨西哥选民还不允许以邮件形式进行投票登记，他们必须亲自到投票办公室申办选民身份卡，然后在 3 个月后由本人到场领取。缺席投票也因在 1988 年总统大选中被滥用而被禁止。尽管在 2006 年，缺席投票制度再度被恢复，但在使用中受到严格管理，要求选民必须在选举 6 个月前提出申请。

这些措施会对投票率产生怎样的影响呢？在实施改革以来的 3 次总统大选中，选民平均投票率为 68%，而改革之前 3 次大选的平均投票率却是 59%。显然，未来更公正纯净的选举环境，促使大多数公民自觉履行了投票的责任。

当然，我们不能奢望美国的选举制度改革像墨西哥那样富有成效，因为两个国家的基本情况有着天壤之别。此外，带照片的身份卡也仅从 2006 年才开始在少数几个州启用，因此，要客观评价它的有效性还为时过早。然而，我们却有足够的数据来说明其他法规的作用，其中包括无照片的身份证明和投票登记期限，以及为增加投票率而制定的一些措施，例如允许临时投票、“无理由”缺席投票、邮寄登记和选举日前投票。但奇怪的是，研究结果竟表明，这些制度对选民投票率几乎没有任何影响。

但这些“毫无结果”也许只是我们的误解。要说明这个问题，只需看一下那些反舞弊的规定。一方面，这些规定可能会通过消除假选票而减少总票数，或是因投票过程过于复杂而让投票者望而生畏；另一方面，反虚假投票措施也可能通过提高选民对投票系统的信心而增加投票率。或者是，"毫无结果"仅仅是所有这些因素共同作用的结果。

那么，怎样才能从这诸多纷繁复杂可能的原因中找出我们所需要的答案呢？方法之一是，剖析两类不同规定对低舞弊率郡县投票率的影响。这两类规定包括因提高严格性而让投票成本更昂贵的规定，以及能简化程序进而降低投票成本的"简易"规定。之后，再和这些规定对高舞弊率的"热点"郡县投票率产生的影响结果进行比较。

美国投票权中心 (American Center for Voting Rights) 公布的投票人舞弊热点郡县的名单，是目前最全面的此类记录。2005 年的报告总共列出了 6 个热点郡县，它们分别是：俄亥俄州的凯霍加 、伊利诺伊州的圣克莱尔、密苏里州的圣路易斯、宾夕法尼亚州的费城、华盛顿州的金县和威斯康星州的密尔沃基。通过分析投票法规对这些郡县的影响，我们发现，"高成本"规定可以提高投票率，而"简易性"规定则会降低投票率。尽管变化极其微小，只有几个百分点，但这两类法规对舞弊热点以外的郡县几乎没有产生任何可辨别的影响。这一结果足以说明："高成本"规定通过提高选民对选举系统的信心，从而鼓励选民踊跃投票；而"简易性"规定则通过让选举舞弊可能性提高而减少了投票量。

只有一项规定会影响到非舞弊热点地区以外的投票量，即选举日前的预先投票。允许选民在投票日之前预先投票，导致选民参与投票的数量下降了 1.5 ~5 个百分点。这让某些分析人士猝不及防，他们认为，选举日前预先投票可以简化投票程序或是挑出伪造的选票，进而增加投票率。虽然结果各异，但选票量和上述舞弊之间的普遍关系却始终如一：放松投票规则，选举日前投票就会增加舞弊现象，继而遏制选民投票热情，最终导致投票率降低。

被操纵的投票机器

在2000年的总统大选中，有100万张黑人选民的选票没有被登记在册。因此，也许遗失你的选票并不是什么困难的事——只要有哪个候选人想让它丢失，它就可以变得无影无踪。

——《旧金山纪事报》(*The San Francisco chronicle*)

2004年6月20日

在美国的选举体系中，个人投票舞弊一直是个司空见惯的问题。然而，在很多人看来，美国投票选举危机还远不止于此。长久以来，制度性腐败就一直表现在大规模地操纵投票机器、选择性阻止某些群体参与投票，尤其是黑人。民主党的投票工作人员曾反复宣称，在 2000 年佛罗里达州的总统大选中，打卡机剥夺了大量选民的投票权。之后，又有人因使用打卡投票机一事提起诉讼，试图推翻 2003 年加利福尼亚州州长选举的结果，但最后却不了了之，阿诺德·施瓦辛格 (Arnold Schwarzenegger) 成了这场选举的最终胜利者。在 2004 年的俄亥俄州选举中，美国民权自由联盟 (American Civil Liberties Union) 也曾针对类似问题提起诉讼。

投票体系的运作过程表明，在美国的选举中，制度性剥夺部分群体投票权的现象一直存在。在 2006 年总统大选的投票中，只有 30% 的美国黑人和 45% 的民主党人士认为自己的选票被记录为有效选票。在所有投票人中，这个数字也只有 60%。剥夺部分人投票权的问题似乎正在成为一个越来越让美国人感到窒息的政治问题。

由于公众已不再信任打卡投票机，政府不得不花费几十亿美元用于开发新的选票记录设备，以取代几十年以来一直独占鳌头的打卡机。使用打卡机的选民数量已从 2000 年的 3 400 万人迅速减少到 2006 年的400多万人。目前，光学扫描投票机已经成为最受选民欢迎的投票方法，使用人数达到了6 950万人。电子投票机紧随其后，有6 660万使用者。但所有这些为消除打卡机弊端而作的努力，却只能事与愿违，因为在很多方面上，打卡机仍然要强于这些正在取代它们的新工具。

有些因投票设备造成的法律问题一直悬而未决，但其中最引人关注的还是"未投选票"的出现，也就是说，打卡机在投票人的打孔卡上，同时对两个以上候选人的名字打孔或是未对任何候选人的名字打孔。在2000年佛罗里达州的总统大选中，民主党和共和党双方代表及其律师花了几个小时的时间，对那些未打孔的选票争执不下。有些人认为这是由于打卡机造成的，而另一些人则主张，这只能反映出投票人的自主选择：他们不打算支持任何一方。

从全国范围内总统大选的情况看，使用打卡机出现 "未投选票"的比例为3%，电子投票机为2.9%，光学扫描投票机为2.1%，纸质选票和开关投票机(level machine，一种老式投票机，配备一个带有很多开关的面板，选民根据开关旁边的指示，按照意愿扳动开关，同意则开，反对则关。——译者注)则是1.9%。通过对2004年俄亥俄州总统大选进行的研究，我也得到了类似结论。在俄亥俄州的84个郡县中，有69个采用了Votomatic牌的打卡机。其中，出现"未投选票"的平均概率为2.4%，相比而言，光学扫描投票机出现"未投选票"的平均概率则是2%，开关投票机为1.5%，电子投票机为1.1%。

但这远非整个故事的全部。人们的争论焦点依然集中在总统大选上，考虑到2000年佛罗里达州选举在公众中带来的影响，这一点也许不难理解。但是，如果看看总统大选以下级别投票选举的情况，比如说国会议员和州议会议员选举，我们就会发现，Votomatic牌打卡机的稳定性要远远优于电子投票机和开关投票机，与光学扫描投票机不相上下。

出于本性，随着选举层级的降低，人们对投票的积极性也会有所下降，因为与总统相比，他们也许根本就不了解这些低职位，或者说，根本就没兴趣。但是，投票率下降的程度与投票机类型之间存在着系统性关联。最有意思的是，与其他类型的投票机相比，这种下降程度对打卡机而言最不明显。在俄亥俄州的参议员选举中，打卡机的“未投选票”率仅比总统大选降低了 10 个百分点，而电子投票机和开关投票机则分别降低了 18%。如果在俄亥俄州的全部选举中，把所有 Votomatic 牌打卡机替换为电子投票机或开关投票机，美国的很多地区都已采取了这一措施，那么，在每 1 691 名俄亥俄州选民的投票中，将会多出 200 张“未投选票”。

为什么打卡机在基层选举中表现更佳呢？答案就在于我所说的“选举疲劳”。如果投票选举需要更多时间或精力时，人们就会减少投票次数。近期有研究表明，电子投票机遇到的问题是：“随着选举次数的增加，选民是否愿意接受投票前繁琐的层层筛选，以及审核投票所占用的时间。”这些额外的筛选和审核环节意味着，电子投票机要比打卡机多占用 20% 的时间。在这种情况下，使用电子投票机的投票人更容易烦躁疲惫，这样，有些人就无法耐心地等到投票时间。老年选民掌握电子投票机使用方法的能力同样也受到质疑，因为老年人“在使用计算机方面的能力肯定要远远落后于年纪较小的人”。所以说，尽管存在着种种弊病，但打卡机效率还是相对较高的，而且其使用方法也较易掌握。

和传统认识相悖的是，Votomatic 牌打卡机也是唯一一种使得“未投选票”在黑人选民中出现的概率始终低于白人选民的投票方式。

所有这些针对投票机和“未投选票”的争论，总会让人们不由自主地认为，对于很多人而言，这些机器的确过于复杂。但在有关这些机器使用方法的培训与出现“未投选票”的概率之间，却没有任何系统性关联。两者在实践中的分布情况似乎完全是随机的：“未投选票”出现的概率，在接受教育不足9年的人群中较高，在仅有中学学历的人群中较低，在高中毕业生中较高，在大学毕业生中较低，而在拥有研究生学历的人群中居然也很高。此外，收入水平和“未投选票”出现的概率之间也几乎毫无对应关系，唯一可以称得上例外的一点倒很有趣：最富裕的选民投出“未投选票”的概率，居然是最贫困选民的15倍。

具有讽刺意义的是，电子投票机的粉墨登场不仅未能纠正其本应解决的问题，反而让人们对可能出现的投票舞弊忧心忡忡。这些问题涉及面极广，从大多数机器缺少“书面轨迹”，到操纵计算机程序的可能性，几乎一应俱全。与针对穿孔卡片产生的担心一样，这些反对意见大多也只是道听途说，和配备了3个不可修改的独立“只读”存储器的电子投票机相比，纸质记录未必更好。同样，篡改也几乎是不可能的，因为电子投票机完全独立，与任何互联网或是其他网络之间都不存在关联。在这种情况下，篡改选票的难度无异于趁你不在线时，侵入你的个人计算机。

大多数电子投票机都需要把电子版投票结果转移到光盘，或其他“只读”格式存储载体。然后，再把这些光盘送到集中计票点，重新输入计算机。这种设备在美国各地州县投入使用的20多年以来，还从未发生过有依据可查的篡改选票事件。

计算机科学家对投票机器篡改选票的警告，其本意也只是从物理上打开某一台投票机器的锁，然后再修改这台投票机器的计算机程序，而不是像我们所想象的那样，用虚拟方式在线盗取投票机器中的数据。就算是有人能打开投票机器，并且能偷偷地破坏防篡改密封机构，但是，要一次完成一台计算机中的所有数据的修改，恐怕也非盗取选票的上策，换句话说，这种做法根本就不现实。除此之外，在投票之前、之中以及之后，投票机器都要进行精确核对，因此，如果任何人想通过修改程序把一个候选人的选票转移给其他候选人，投票机器都会明察秋毫。

与各种共谋理论不同的是，那些在竞选中登记“未投选票”的人，大多数是因不知道究竟应该支持谁，在犹豫不定之际，干脆决定不支持任何人。毫无疑问，对于选择性剥夺部分人群投票权的观点，诸多并无充分证据的指责在短期上确实有利于部分群体。但这种说法也存在着使政治辩论日渐恶化的风险。

选民欺诈行为

佛罗里达之战

无论是针对打卡机投票的唇枪舌战，还是对美国黑人实行制度性歧视的轰动性指责，2000 年佛罗里达州的总统大选是一场名副其实的战争。大声斥责“这是一种明目张胆遏制黑人投票权的选举方式”的，绝不仅仅只有杰西·杰克逊 (Jesse Jackson，美国民权运动领袖，在 20 世纪 80 年代积极参与竞选政治活动，曾在芝加哥领导了一场投票人登记运动，促成该市选出第一位黑人市长。曾竞选民主党总统候选人提名。成为首位认真争取担任总统职务的黑人候选人。——译者注) 一个人。美国民权委员会的女主席玛丽·弗朗西斯·贝瑞 (Mary Francis Berry) 甚至要求对此次投票进行刑事调查。但是，我们怎样才能实事求是地回答，佛罗里达州大选是否对黑人存在着制度性歧视呢？以及这种歧视是否决定了阿尔·戈尔政治命运呢？

在佛罗里达州的每个选区，我们都可以找到有关各候选人的总票数、未投选票数以及投票人的民族和所属党派的数据。乍一看，这些数据似乎完全可以证实这个一直争执不下的观点：未投选票在黑人中出现的比例要高于其他群体。但是，把阿尔·戈尔的竞选失败归咎于这样的结论，显然有失公允，因为现实的情况是，受未投选票“伤害”最深的群体，却是那些非洲裔共和党人。

对于那些佛罗里达州的非洲裔共和党人，其选票被宣布无效的概率竟然比全部黑人选票平均作废的概率高出66倍。从另一个角度来看，在佛罗里达州的所有选区，每增加2名非洲裔共和党人，就会多出1张未被登记的无效选票。

2000年，佛罗里达州总共有22 270名登记在册的非洲裔共和党投票人，这个数字仅相当于非洲裔民主党投票人的1/20左右。在2000年美国总统竞选中，不到1 000张选票的差距，决定了候选人在该州的胜负。对于这样的一个州而言，任何数字都举足轻重。假设这些共和党投票人大多支持共和党候选人的话，整体数字将会说明，丢失黑人选票给乔治·布什造成的净损失要高于阿尔·戈尔。

这些结果的确让人云山雾罩。但它们却足以说明，假如真的存在某种以剥夺部分佛罗里达州选民投票权为目的的共谋，那么，这场阴谋的矛头所指向的也应是共和党人，而不是黑人种族。这个结论与数据带给我们的另一个事实完全吻合：在白人选民当中，共和党选民比民主党选民更有可能投出未投选票。此外，我还发现，当某一郡县的主管是民主党党员时，当地总的未投选票率将高出14个百分点，而当主管是黑人民主党党员时，总的未投选票率则会高出31%。

那么，所有这些到底能告诉我们什么呢？事实证明，单凭这样的数据，要让人们相信，在光天化日之下存在着剥夺所有共和党人，尤其是非洲裔共和党投票人的阴谋，这几乎不可能。更可能的情况是，在这些共和党人，尤其是那些居住在民主党人占多数地区的共和党人，根本就不会对总统选举这样的事情感兴趣，因此他们会作出拒绝投票的选择。尽管不可能彻底根除篡改选票的现象，但对于贫困黑人被剥夺投票权这样的说法，我们完全可以置之不理，因为数字是最好的证明：在对造成投票弊端原因的解释中，收入和种族所占的权重，仅相当于投票方法和设备权重的1/3。

媒体捷足先登

如果实际投票结果在选举当天就已泄露，会发生什么？假如你知道选举已尘埃落定，而你支持的候选人败局已定，你还会继续投票吗？

我们在前文就已提过，选民通常对级别较高的选举更感兴趣，比如说总统、州长或美国议会的选举。在这些高层竞选中，不相上下的白热化竞争往往可以增加投票量，而一边倒的局势则会让更多选民坐在家里看热闹。几乎所有人都会认为，一边倒的竞选会让支持失败者的选民心灰意冷，因为没有任何人想成为输家。选举后的民意调查证实了这一点：声称给获胜者投票的选民比例要明显高于实际结果。

媒体曾3次事先披露大选结果：1980年、1996年和2000年。1980年，共和党在总统大选中以压倒性优势大获全胜，NBC在选举当天晚上8时15分就宣布了里根获胜的消息，与此同时，西海岸的投票工作还在如火如荼地进行着。晚上9时45分，吉米·卡特(Jimmy Carter)总统宣布退出竞选，这让民主党支持者们沮丧不已，而此时距加利福尼亚州投票时间结束还有1小时15分。在西海岸，很多民主党候选人把失败归咎于卡特过早退出竞选，这导致很多民主党支持者根本就未参加投票。

而卡特拥护者则反唇相讥：里根的胜利是压倒性的，无论怎样，民主党候选人都将以失败告终。他们甚至对卡特提前放弃而使部分民主党选民没有投票的调查结果提出质疑，他们认为，民主党把整个政党的失败归结于卡特的一个策略性失误，这个结论是不恰当的。

1996 年的总统大选在鲍勃·多尔 (Bob Dole) 和克林顿之间展开，而这一次，因为提前泄露风声而被搞得焦头烂额的却是共和党。在西海岸投票尚未结束之时，媒体就披露了最终投票结果，并声称克林顿为本次总统大选获胜者。于是，共和党指责媒体让西海岸支持者放弃了投票，而民主党则坚持，无论怎样，共和党的失败都不可避免。

那么，媒体提前报道到底会对投票产生何种影响呢？在 1980 年和 1996 年的大选中，由于西部各州的所有选举均受到影响，因此，我们很难对其影响程度作出估计，也就是说，我们根本无从知晓，到底是选举结果事先泄露，还是存在着别的什么特殊原因导致投票人数下降。幸运的是，2000 年的大选与前两次的情况大不一样：当媒体开始宣称，民主党同时在大选以及佛罗里达州参议院选举中获胜时，虽然还有西部潘汉德 (Panhandle) 地区的 10 个郡尚在投票中，但佛罗里达州大部分地区的投票已结束。

佛罗里达州的投票结果于竞选日当天晚上 8 时正式揭晓。但是共和党人较为集中的潘汉德地区采用的却是中部时间，而不是西部时间。因此，那里的投票结果还要在 1 小时之后才能公布。尽管如此，在美国东部时间晚 8 时整，各大媒体 (ABC、CBS、CNN、FOX、MSNBC 以及 NBC) 却已不合时宜地反复宣告：全州投票已经结束。仅仅 CBS 的国内新闻节目就宣布了 18 次投票结束的消息。

尽管西部潘汉德地区的选民明确地知道投票尚在进行中，但媒体反复宣称竞选结果已确定的消息，仍让他们对是否继续投票感到犹豫不决。在西部潘汉德地区投票结束前 58 分钟，就已经传出了民主党在佛罗里达州参议院选举中获胜的消息，而阿尔·戈尔赢得总统大选的消息，在投票结束前 12 分钟就已不是什么新闻了。甚至是在总统选举结果已尘埃落定的消息传出之前，有媒体就已三番五次地吹风：戈尔极可能胜出。

选举结束后的民意调查显示，媒体提前吹风，再加上民主党胜券在握的想法，确实造成潘汉德地区的一些选民放弃投票。在该地区，2/3 的选民支持共和党，因此，即使选举结果事先泄露导致同比例的两党选民放弃投票，但在这些人中，肯定还是共和党人在绝对数量上居多。民主党总统候选人的策划专家鲍伯·贝卡尔 (Bob Beckel) 认为，由于媒体提前宣布竞选结果，使得乔治·布什丧失了 8 000 张选票。共和党的投票策划机构，约翰·麦克劳夫伦联合调查公司 (John McLaughlin Association) 也对西部潘汉德地区的选民进行了一次民意调查，结果表明，布什因此损失了 1 万张选票。但两次调查均受到相同问题的困扰，这也是卡特失败之后一直让人们感到困惑的问题：被调查人的回答往往受其自身政治取向的影响，极可能会刻意渲染自己的答案。在这种情况下，气急败坏的共和党人更有可能夸大提前宣布投票结果给共和党带来的负面影响。

事实证明，提前发布竞选结果，至少会导致投票人数出现一定程度的减少，这一点已经为投票管理员和投票工作人员的证词所证实。例如，奥卡卢萨 (Okaloosa) 郡的选举秘书曾经说："截至投票结束 1 小时前，共有 1 300 人提交选票。早晨开门时，人们已开始排队等待投票。整整一天，投票站里人群涌动，络绎不绝，每小时投票的平均人数在 100 人左右，但是到了晚上 7 时，我突然注意到，投票人数马上就锐减为零。"

统计数字也证实了这一点。在 2000 年的选举中，西部潘汉德地区各郡县的投票量不仅低于该地区历史同期水平，而且也低于佛罗里达州其他地区。如果再比较一下各郡县在选举当天投票率变动的情况，我们就会发现，潘汉德地区各郡县投票减少量还低于其他各州。有证据表明，选举结果提前泄露，至少让布什损失了 7 500 张得票。

不仅仅在佛罗里达州，提早发布的大选结果对其他各州的选举均产生了不同程度的影响，因为在很多州的投票尚未结束时，人们就已错误地认为：阿尔·戈尔已在大选中获胜。但要对除了佛罗里达州以外地区的情况作出准确估计则是难上加难，因为只有在佛罗里达州，我们才能找到数据，对消息公布后继续开放的投票站和已关闭投票站的情况进行比较。然而，即使是用最简单的常识，我们也应意识到，如果说佛罗里达州所受到的影响的确属实，那么，受选举结果提前公布影响最大的，应是其他类型的选举。例如，在华盛顿州的参议员席位选举中，民主党议员玛丽亚·坎特威尔 (Maria Cantwell) 仅以 2 200 票的微弱优势取胜。即使选举结果提前公布所造成的影响也不过相当于佛罗里达州大选的 1/24，坎特威尔就会输给共和党的斯雷德·戈登 (Slade Gordon)。而这一结果本身也将改写美国政治的历史：假如戈登获胜的话，就将意味着，自从佛蒙特州参议员吉姆·杰夫兹 (Jim Jeffords) 于 2001 年退出共和党之后，共和党就从未让参议员席位花落别家。

在 2000 年的佛罗里达州总统大选中，布什最终以极其微弱的领先 537 票的优势，有惊无险地战胜了阿尔·戈尔。假如没有媒体事先妖言惑众的话，这场轩然大波完全可以避免，而共和党人也将以更大的优势，无可争议地战胜民主党。

和针对其他诸多行为的作用一样，动机同样也是决定投票行为的重要因素。提前得到的投票结果注定要削弱选民投票的动机。在 2000 年的总统大选中，它让美国人度过了无数个难眠之夜。

重刑犯的投票权

迈克尔·米尔肯、玛莎·斯图尔特和雷奥纳·海姆斯雷这 3 个人有很多共同之处，除了都是被判刑的重罪犯之外，他们还都是民主党党员。尽管巨额资产让这3个人与普通的重刑犯有所区别，但他们和大多数有过服刑经历的人在党派登记方面的记录却如出一辙。2000年惊心动魄的大选让所有人都记忆犹新，此后，一些民主党人士开始积极呼吁，主张恢复刑满释放人员的投票权。如果在2000年允许重刑犯参加投票的话，胜利者也许就会是阿尔·戈尔，而不是仅以537票微弱优势获胜的布什。

自此之后，已经有20个州为重刑犯投票提供了便利条件，只有10个州对重刑犯实行终身禁止投票的政策。2005年,参议员希拉里·克林顿(Hillary Clinton)和约翰·克里(John Kerry)提出了《每票必计法案》(*The Count Every Vote Act*)，希拉里称之为"让美国人恢复对投票体系的信心之关键"。在这个一直没能成为法律的法案中有一项特殊的措施，即对于那些通过服完监禁期、假释期或缓刑期而"偿还了对社会所承担债务的重刑犯"，应恢复他们的投票权。

我们在第2章里曾经讨论过，除了监禁之外，很多被判刑的犯罪人还要面对很多严厉的惩罚。由于很多工作职位都对这些重刑犯大门紧闭，因此，即便是满足谋生这样最基本的需求，对于他们来说也会异常艰难。但是在经历了2000年的大选之后，一夜之间，没有投票权似乎就成了他们眼下最迫切需要解决的问题。舆论似乎在告诉我们："在公民应当享有的诸多权利中，投票权远比拥有枪支或是一份工作的权利更加重要。"

但是对这些重刑犯而言，什么重要、什么不重要，他们自己却在心里有一杆秤。除了先找到一份工作之外，这些往往生活于贫穷、高犯罪率社区的昔日重刑犯，更希望能找到一种保护自己的方式。在弗吉尼亚州，重刑犯们在请求赦免时，首先提到的，就是想重新获得枪支拥有权。弗吉尼亚州州长赦免协助委员会(Assistant for Clemency for the Governor) 在 1994 年和 1995 年的报告中指出："恢复投票权从未出现在他们请求赦免的申请表上。"

根据学术研究，1972 – 1996 年，80% 的重刑犯会在投票中支持民主党。而从现有的情况看，将有 93% 的重刑犯选民会在 1996 年的大选投比尔·克林顿的票。除了能让民主党在 2000 年入主白宫之外，这些来自"重刑犯的选票"，还将让民主党从 1986 年到 2004 年期间始终掌控参议院的大权。

但这些研究本身问题就很多。人们往往一相情愿地假设：这些重刑犯的投票模式将等同于那些具有相同民族、性别和教育背景的非重刑犯选民。按照这样的假设，必然会忽略导致重刑犯可能以不同方式投票的那些根本性因素。如果 2 个相同民族、相同性别和相同教育背景的人，但其中的 1 人曾犯过强奸罪或谋杀罪，那么，两人之间很可能存在着某些不同之处，而这些不同之处影响着他们的投票结果。

2005 年 5 月，公共意见策略委员会 (Public Opinion Strategies) 对华盛顿州的 602 名成年人进行了调查。在这些调查对象中，有 102 人是恢复了投票权的前重刑犯，其余 500 人无犯罪历史。调查中提到的问题包括政治偏好，以及他们的民族、性别、学历、宗教习俗、工作就业、年龄和他们的居住地址。通过这次调查，可以对重刑犯与非重刑犯在投票方式上基本相似这一假设进行检验。

调查结果表明，与仅根据个人特点进行的估计相比，重刑犯在投票中更有可能支持民主党。在考虑到所有这些因素之后，我发现，和具有相同个人特征的非重刑犯相比，重刑犯支持克里、反对布什的概率要高出 36%，而登记成为民主党党员的可能性则高出 37%。在华盛顿州，黑人和亚裔人对民主党的支持率略高于共和党，但他们中的绝大多数重刑犯会"坚决支持民主党"。事实上，这两个群体中的重刑犯基本都支持民主党总统候选人约翰·克里。

尽管并非所有重刑犯都像华盛顿州的那些重刑犯一样对民主党情有独钟，但此前的调查却明显低估了他们对民主党的支持程度。实际情况表明，几乎所有重刑犯都是清一色的民主党支持者，他们毕竟是一个区别于普通人的特殊群体。重刑犯对民主党的痴情让大多数人出乎意料，以至于民主党的竞选组织者信誓旦旦地保证：他们将继续致力于恢复这个群体的投票权。

无处不在的媒体偏见

投票一直被人们视为是公民的义务。没有投票的人往往会羞于承认，因此，选举后民意调查得到的投票量一般比实际数字高出 20%。但在合法选民中，有相当的一部分人根本就不愿意吃力不讨好地去参加投票：39.3% 的合法选民未参加 2004 年的总统大选。未参加 2000 年大选的合法选民人数更多——达到了 45.7%，至于未参加 2006 年中期选举的合法选民更是接近 60%。

不参加投票难道是因为他们另有所想吗？很幸运，要投出一张合乎情理的选票，并不一定需要一位无所不知、无所不晓的专家。如果想得到更多的信息或是建议，选民完全可以求助于专门研究这些问题的专业机构，比如说，枪支拥有者可以请教全国步枪协会 (NRA)，工会成员可以求助于工会，而环保主义者则可以在塞拉俱乐部 (Sierra Club，美国最大、最有影响力的民间环境保护组织。——译者注）获得援助。此外，朋友、邻居或是家庭成员，也是选民获得帮助的重要来源。

但对当前的热点问题，大多数选民在获取信息时，或多或少地会依赖于媒体。这就引发了一个经常被人们提及的问题：媒体是否会存在偏见呢？尽管保守派的安·科尔特 (Ann Coulter)、中间派的伯纳德·戈德堡 (Bernard Goldberg) 和自由派的埃里克·奥特曼 (Eric

Alterman) 不可能在所有问题上都意见一致，但有一点是肯定的：他们都不会否认，媒体偏见是不争的事实，而这种偏见又深刻地影响着人们的观念。至于哪些新闻媒体偏见最强，自由派和保守派都会有一个自己的权衡的标准和名单。他们也许会对哪家媒体偏向于哪一方有不同的看法，但时至今日，他们都会不约而同地承认：偏见是当今媒体的共同特征。

那么，媒体的偏见到底会产生多大的影响呢？要回答这个问题，我们首先必须确定媒体的偏见究竟是否存在。

对于很多保守派而言，媒体的大多数成员习惯于把自己定位于自由的民主党拥护者，这本身就足以证明偏见的存在性。佩尤研究中心(The Pew Research Center)通过对记者进行的调查发现，1985 －2004 年，自我标榜为保守派的记者人数从 4% 增加到 7%，而把自己划分为自由派的人数则从 22% 激增至 34%。

竞选资金的投向则不均衡。电视网络雇员的捐赠明显偏向于民主党候选人，2004 年，CBS 雇员 98% 的捐赠流入了民主党。而 NBC 的此项数字更是达到了令人难以置信的 100%。即使是被多数公众视为奉行保守主义思维的 FOX 新闻频道，也将 81% 的捐赠资金送给了民主党。但新闻记者却对“数据可以说明偏见”的观点矢口否认，他们坚持认为，自己的报道完全基于职业态度，而不是个人的政治偏好。

那么，我们就会看到一个有趣的现象，对记者群的调查显示，他们自己也相信媒体存在偏见，只不过偏见的对象是民主党。所有这一切到底意味着什么呢？是否记者的偏见太深，以至于连他们自己都已经习以为常了呢？至于后一种可能性，则让我想起宾汉姆顿 (Binghamton) 纽约州立大学一位历史学教授最近发给我的电子邮件，他在邮件中告诉我：“我想你也很清楚，社会科学界严重倾向于左翼党派。我曾经听过很多极左的政治演说，但只有一次具有左翼倾向的演说，让我感到还算客观公正。”

和这个电子邮件一样，针对媒体偏见进行的很多研究同样也只停留在传闻轶事的层面上。况且，我们也很难确定真正“不偏不倚”的报道到底应该是什么样的。这里的关键在于，所谓偏见往往只存在于旁观者眼中。媒体监管机构——媒体研究中心 (Media Research Center) 经常会披露涉及不实报告的记者。但旁观者却总是透过包含着自身政治偏向的多棱镜，用有色眼镜对这些报告进行选择性过滤。民主党人也许会认为，所有指责布什总统的报道都是客观真实的，而共和党人则会认为这是偏见所致。

因此，要对媒体偏见作出公正的评价，我们首先需要寻找一些客观的新闻题材作为标准，然后再分析新闻媒体是如何对其进行报道的。但是，到底哪类新闻才算“客观”呢？我和经济学家凯文·哈塞特 (Kevin Hassett) 共同对 1985 – 2004 年的媒体偏见现象进行了研究，该研究就媒体对失业率、国民生产总值、社会零售额以及耐用品销售额等经济数据的报道进行了分析。在这里，何谓“客观”的问题清晰明确，几乎不存在任何模棱两可之处，换言之，即能否保证经济数据的准确性，以及它们如何随时间而变化。在研究中，我们把研究对象局限于新闻报道的标题层次。之所以这样做，不仅因为标题能给读者留下最深刻的印象，而且更重要的是，这有利于对它们进行客观的分类和定义，归根结底，就是看它们是让客观现实变得“更美好”还是“更糟糕”，抑或是让原本清晰的事实变得“模糊不清”。

我们的研究表明，媒体的偏见几乎无所不在。即使是考虑到特定时段的经济增长趋势或衰退趋势，这些报道的标题对克林顿政府的过度推崇，也要超过任何一届共和党总统。针对同一新闻，报道标题在有利性方面对民主党和共和党政府采取了区别对待的方式，而由此形成的偏见，导致对民主党政府的有利性要高出 10 ~20 个百分点。在民主党控制国会期间，经济新闻的标题同样也表现得相对较为积极，但是当共和党同时掌控总统和立法委员会时，其消极态度则达到了空前的程度。

在 10 家最大的私人报纸中，大量的证据可以说明，《芝加哥论坛报》、《纽约时报》和《华盛顿邮报》最有可能在民主党执政期间对经济新闻采取正面支持态度。美联社也未能例外。但是对于共和党而言，则存在着一点“家乡效应”。《休斯顿纪事报》(*Houston Chronicle*) 对大小两位布什和克林顿基本一视同仁，而《洛杉矶时报》(*Los Angeles Times*) 对里根的好感要略强于克林顿。

但我们最重要的结论则在于，媒体报道确实影响到公众意见。与不会站出来说话的经济数据相比，新闻报告肯定能更有效地告诉人们：我们的经济到底是正在繁荣还是萧条。通过在我们的研究结论与盖洛普民意测验 (Gallop Poll) 的结果间进行对比，我们发现，由于媒体的偏见，导致公众对克林顿时经济走强的乐观度，要比相同情况下的共和党政府高出 4 个百分点。这种主观认识上的差异，必然要转化为公众对政府支持率上的差异，而对于势均力敌、竞争白热化的 2000 年和 2004 年大选中，这点差异也许可以成为决定胜负的砝码。

从校园开始的信息控制

尽管近期的媒体偏见问题颇为引人注目，但公立学校在塑造未来选民方面，也许更有影响力。绝大多数美国人可能都会认为，这是一件好事，他们对公立学校和提供公立教育的教师更是赞赏有加。如果你亲眼见过教务委员会为了确定课程、教科书而争得面红耳赤的情景，你就会意识到，如何确定塑造下一代的方式是一件多么重要的事情。但最容易为人们所忽视的却是：公立学校的目的，实际上往往在于宣扬政府所推崇的价值观。

在我们深入探讨美国教育史之前，还是先来看看其它国家的教育体系。在苏联，为了弱化父母的影响，政府在 20 世纪 20 年代和 50 年代曾两次通过“集体宿舍、集体食堂及其他减少个别家庭影响的设施”，对儿童实行集中化抚养政策。在几十年后的阿富汗战争中，他们又故技重施，把几万名三四岁的儿童从阿富汗转移到苏联。通过在远离故乡和家庭的环境中对这些孩子实施教育，苏联希望能把自己的思想和意识形态灌输给这些阿富汗人后代，以期在若干年之后扶植一个亲苏傀儡政权。

家庭在向子女灌输“错误”价值观方面的危险，一位在“二战”后不久就流亡外国的苏联流亡者这样概括道：“在很多方面，家庭对政治影响的免疫力是最强大的。因此，它在滋生、保留和传播反对思想以及执政者想压制的信息方面，是唯一同时也是最主要的温床和载体。”

然而，企图以政府取代父母，成为下一代社会价值观的主要源泉，这样的野心却并不仅仅存在于苏联。一个极富说服力，同时又极具争议性的例子，就是瑞典所推行的幼儿学校系统。曾经在 1969 – 1973 年担任瑞典教育大臣、后担任瑞典首相的英瓦尔·卡尔松 (Ingvar Carlsson)，曾宣称“学校就是抗击社会主义的先锋”，并主张让孩子在成长过程中摆脱家庭影响，而“学前教育则是消除社会遗传的基本手段”，这样就可以避免子女从父母那里继承某些不受欢迎的观念。瑞典教育学家甚至提出通过税收和政府的就业制度，“让父母退出家庭，以便让孩子们不得不离开家庭”。

借助于废除家庭这个概念，这些政府试图在灌输社会价值方面制造一种政府垄断。这个目标一旦实现，通过这种垄断传播政府价值观的主要渠道就将会是教育体系。通过向青少年灌输政府合理合法性与公正公平性，这些政府希冀削弱与其规则相对立的反面势力。他们之所以为此投入无比巨大的资源，正是出于这样一个最合乎逻辑的原因，而这又足以说明，政府所提供的免费教育无非是为了减少政治反对力量，让在这种教育制度下长大的学生，倾向于永远拥护政府。

在某些国家，教育人员的就业与失业往往取决于他们的政治立场。对于苏联，一位观察人士指出：以非学术标准为基础的晋升，往往会侵蚀高层学术界的质量，而这样的晋升在那里司空见惯。很多教育管理者都是从党内领导者直接转入这一行业的。”在捷克斯洛伐克，学校管理者还要负责“从学生党员中收集代表‘基层意见’的信息”，以考察学校教师的政治可靠性。而苏联学校教师还需要负责与“班级内线”保持联系。

在实行种族隔离时期的南非，灌输价值观同样也是意识形态教育的一个重要方面。南非政府分别为白人、黑人、亚裔和有色人种建立了 4 套独立的学校体系。教师也同样按种族划分，只能给同种族的学生上课。在政府兴办的公立学校中，教师对黑人来说是一种极危险的职业。在其他黑人眼里，这些黑人教师就是白人走狗，是种族隔离政策的忠实拥趸，因此，即便是在黑人社区，他们也是贱民，常被杀害。但具有讽刺意味的是，尽管白人至上观点占据着社会主流意识形态，但政府却不得不向这些黑人教师支付远高于正常情况的高额补贴，以补偿他们为此承担的风险，并保证他们的政治立场不会动摇。

也许有人会认为，美国政府教育的情况肯定有本质的不同。事实上，尽管美国学校在灌输意识形态方面的程度也许不及上面提到的国家，但是，只要探究一下美国公立学校的演化史，我们就会发现，公立学校发展进程的本身，就是政府宣扬其价值观的一种手段。

和其他很多国家一样，美国的公立教育同样源于教会力量。很久以来，学校就一直是宗教宣传的公开场所。19 世纪 20 年代，纽约及其他州的议员开始担心，很多学生接受了错误的教育。这些执政者所担心的，并不是学生不能接受教育，早在 1821 年，就有 93% 的纽约州学龄青少年就读于私立学校，而是像他们在立法辩论中所表述的那样，这些在私立天主教学校读书的学生，将会接受错误的价值观，并最终成为罪犯。他们认为，如果能通过政府补贴降低新教学校学费的话，一些天主教教徒就会把孩子送到这些公立学校，从而避免他们走上犯罪道路。

刚开始时，政府补贴类似于优惠凭证，经批准的新教学校按学生人数向政府领取补贴。但这却带来了一个他们事先未想到的问题：接受补贴的新教学校为吸引信奉天主教的学生，相互之间展开了激烈竞争。于是，他们首先开始教授这些天主教家长和学生们最想学到的课程：阅读、写作和数学，尽量减少他们不想学的课程：新教徒的宗教培养。因此，提供补贴的倡导者不情愿地看到：被补贴学校并未按照其初衷，向学生灌输新教思想。

鉴于这种情况，政府又把补贴的范围局限在离学生住址最近的新教学校。这就削弱了学校之间争夺生源的动机，从而突出了他们所倡导的新教教育。尽管政府本意如此，但随着时间的推移，人们开始对补贴问题怨声载道：被补贴学校大部分的资金来源于政府，但政府补贴实际上是在帮助他们逃避竞争。随着 1867 年《自由学校法案》(*Free Schools Act*) 的通过，政府干脆接管了这些被补贴的学校，并使之成为公立教育机构。这就是美国公立教育系统的起源，听起来似乎有点让人感到不可思议。

那么，政府通过这个体系所宣扬的价值观到底是什么呢？简而言之，政府从其既得利益出发，必然会想方设法让学生对政府解决社会问题的能力坚信不移。同样，自然而然地，公立学校的教师也会把这种价值观视为颠扑不破的真理，传授给自己的学生。不妨回想一下我在本书序言中提到的个人经历：公立大学的教师对减税痛恨至极，因为减税很可能会削减学校预算。公立中学的教师也有着同样的动机，政府规模的持续增长与他们持久的切身利益息息相关，因为政府财政就是他们的生计来源。

在大多数人看来，政府教育支出的积极意义毋庸置疑。每个参加政治选举的候选人都会信誓旦旦地宣称：加大对学校的资金支持，是他们当仁不让的义务。但按照我们的讨论，这个观点似乎疑点重重：因为公立教育体系的目标往往是灌输政府的价值观，至少部分如此。因此，在两个国家收入相同的情况下，极权国家在每个学生身上花费的教育支出，常能达到自由市场国家的2倍，如果能认识到这一点，那么，这样的现实应该不会让我们感到惊奇。

这并不是因为极权国家更关心下一代的教育问题。事实上，他们在医疗卫生方面的支出要远低于自由市场国家，比如说，在这些国家，儿童肺结核、DPT(一种目前用于主动免疫的疫苗，是一种白喉、百日咳、破伤风三合一的疫苗。——译者注)、天花和破伤风疫苗的接种率一直较低。因此，当苏联解体之时，教育支出在新独立的市场化国家中大幅削减，而医疗卫生支出却扶摇直上。

公立教育一直是政府宣传其思想价值观的载体，一个政体越是趋于极权，私立教育所受压力就越大。一个有趣的现象是：在实行社会化医疗的国家，政府对公立医院或医生之间竞争的态度，往往不会像对待学校间竞争那么刻薄。如果患者想到更远的地方找某位医生，只要能花得起钱，就不会有人阻挡他们。但学生却不能这么轻易地选择公立学校。上文的讨论已经告诉我们，其原因很简单：医院和医生之间的竞争可以创造出更优质的医疗服务，而政府公立学校之间的竞争却只能降低政府在思想灌输方面的效力。

后　记

利他主义是一种高贵的品质，但在一个巨大的经济体中，它也就仅此而已。亚当·斯密为我们作出了一个精辟的概括：个人通过追求私利而造福于社会。斯密所说的，就是经济学最基本的原理：如果增加某件事情的代价，就会减少人们做这件事的动力。换句话说，动机才是最重要的。对日常决策所依赖动机的研究可以告诉我们：当经济、犯罪和政治政策把个人动机引到一项共同事业上时，它们就可以发挥最大效力。这些政策应鼓励人们自由自在地，去通过个人劳动创造利润，去以更有意义、更公平的方式去消除犯罪动机，去全面考虑那些影响人们通过投票参与民主生活的诸多因素。

在自由市场中，如果只看到了专家和企业剥削消费者的动机，那是因为我们只想到了一种动机，而现实中的动机却是多种多样的。事实上，市场在没有政府干预下解决欺诈问题的过程，是极其复杂和微妙的，而往往我们却对此不以为然。我们的失误不仅在于没有认识到声誉的重要性，而且也没有意识到，任何一种新的、以保证产品和服务质量为宗旨的运行机制，都存在着不断进化、不断完善的巨大动机。随着技术的进步，这些机制注定将会变得越来越有效，越来越具有创造力。

我们可以轻而易举地指出存在于经济生活某些领域的不完美之处，并由此而大声呵斥市场的失灵，极力呼吁政府干预。无论是强迫保险商对路捷给予优惠，游说政府为蜂蜜生产者提供补贴，或是通过强制的执业注册制度保证执业人员质量，这些主张政府干预经济的人都没有认识到，只要涉及到口袋里的钱，消费者和生产商就都会有足够的动力去独立解决这些问题。对于像搭便车这样在今天看来再简单明显不过的问题，它们的解决方案（比如，通过广播进行广告宣传）却不是伴随政府的参与而出现的。当今的经济生活如此复杂多变，以至于很多自作聪明的人，只会在费尽心机地制定出各种规章制度之后才发现，这些制度所带来的问题，远远要多过它们所能解决的问题。

在自由市场，口是心非的欺诈行为总不可避免。但这个体系者却存在着一种永恒的内在动机，促使个人和企业诚实守信。如果某个人可以通过善待顾客而比别人多赚1元，那么，这个人肯定会伸着手一试。同样，政治市场中也存在着一种制约欺诈的内在机制，驱使政治家在竞选中或多或少地去表达民愿。

尽管自由市场并不完美，但完美绝对不是我们判断市场的合理标准。如果说自由市场难以做到尽善尽美的话，政府的作为就更不可能完美无瑕。

市场不仅可以增加我们的财富，还可以为我们带来自由。只要人类能自由地去体现其自身愿望，按照自己的动机去行动，我们的经济就将体现出这个社会最美好、最富创造性，同时也是最忠诚的一面。

致 谢

本书的出版归功于很多人的辛勤努力，因为它所依赖的学术研究，绝大多数是我和其他学者共同完成的。可以说，是他们和我一起创作了这本书，他们包括：布鲁斯·本德(Bruce Bender)、史蒂芬·布罗纳斯(Stephen Bronars)、迈克尔·戴维斯(Michael Davis)、安德鲁·迪克(Andrew Dick)、杰特鲁德·弗莱姆林(Gertrud Fremling)、罗伯特·汉森(Robert Hansen)、凯文·哈塞特(Kevin Hassett)、金吉永(Gi-Ryong Jung)、乔纳森·卡波夫(Jonathan Karpoff)、拉里·肯尼(Larry Kenny)、威廉·兰德斯(William Landes)、理查德·曼宁(Richard Manning)、蒂姆·奥普勒(Tim Opler)、罗伯特·里德(Robert Reed)、罗塞尔·罗伯茨(Russell Roberts)、埃里克·维尔利(Eric Wehrly)和约翰·惠特利(John Whitley)。其中，汉森、卡波夫、肯尼和罗伯茨均和我共同发表了5篇论文，我真不知道该如何感谢他们。此外，来自全球几百个学术论坛、演讲和会议的很多同仁，也为本书提出了大量有价值的建议，我由衷地向他们表示谢意。

Regnery出版公司的编辑杰克·兰格尔(Jack Langer)更是对本书的出版作出了巨大的贡献，他不仅为本书花费了大量的宝贵时间，更是提出了很多颇有见地的意见。我还要感谢鲍伯·汉森（Bob Hansen）、彼得·哈特利（Peter Hartley）和乔纳森·卡波夫，他们提出了很多想法，让我在疑惑当中豁然开朗，杰特鲁德·弗莱姆林（Gertrud Fremling）、克雷格·纽马克（Craig Newmark）和马克西姆·洛特（Maxim Lott）则在百忙之中，对原稿进行了审阅。

我所发表的每一篇学术论文，都浸透着无数助理研究人员的汗水，我很难在这里一一向他们表示敬意和感谢，仅仅在过去的5年里，我需要说声谢谢的人就有很多，他们是：布赖恩·布雷斯（Brian Blasé）、詹姆斯·诺尔斯（James Knowles）、马滕·伯格拉夫（Maarten Burggraaf）、艾利斯·菲施曼（Ilyse Fishman）、迈克尔·罗思（Michael Roth）、杰克·索尔蒂西克（Jack Soltysik）、德里·约翰逊（Drew Johnson）、吉尔·亚布隆斯基（Jill Yablonski）、吉尔·法里亚斯（Jill Farias）、吉尔·米切尔（Jill Mitchell）、金素琴（Soo Jin Kim）、拉菲尔·拉夫（Refael Lav）、本杰明·伯索米亚（Benjamin Berthomieu）、格雷戈里·迪安格罗（Gregory D'Angelo）、阿里克汉·维尔什（Alykhan Velshi）和利迪亚·雷格波洛斯（Lydia Regopoulos）。还有我的三个儿子，马克西姆（Maxim）、瑞恩（Ryan）和罗杰（Roger），他们也为我的研究花费了很多宝贵的时间。

尽管本书在很大程度上只是个人对经济学的看法，但是没有很多经济学大师的教诲和启发，也就不可能有本书。很多导师以他们的思想和著作影响着我，在这里，我要向以下几位大师真诚地表示感激：阿门·阿尔钦（Armen Alchian）、加里·贝克（Gary Becker）、哈罗德·德姆塞茨

(Harold Demsetz)、戴维·弗里德曼(David Friedman)、本杰明·克莱因(Benjamin Klein)、艾德·利玛(Ed Leamer)、厄尔·汤普森(Earl Thompson)、托马斯·索维尔(Thomas Sowell)、尼斯·韦尔奇(Finis Welch)、比尔·兰德斯(Bill Landes)、山姆·佩尔兹曼(Sam Peltzman)、理查德·波斯奈尔(Richard Posner)、乔治·斯蒂格勒(George Stigler)和詹姆斯·威尔逊(James Wilson)。最后，我还要感谢故去的布鲁斯·约翰逊(Bruce Johnson)。我之所以能成为一名经济学家，完全是出于一连串的偶然事件，而所有这一切都始于我在16岁时成为他的邻居，正是和他的交流，让我走进了经济学的大门。

作　者：〔美〕帕特·多尔西
定　价：29.80元

投资者只知其名却不知其庐山真面目的 巴菲特选股法则——投资护城河

巴菲特说，他认定可口可乐、美国捷运、吉列有宽阔的经济护城河，所以他长期持有并收益超群。但巴菲特一直没说，到底怎样发现护城河。

谁能找到拥有宽阔护城河的企业，谁就能获得股市长久高收益。

世界顶级评级机构晨星公司以卓越、独立的评级方法闻名全球，作为公司股票分析部主管，帕特·多尔西不仅坚持价值投资理念，更为广大投资者提供了实用而丰富的投资指南。

在推出广受专业投资者好评的《股市真规则》之后，这一次，他又首创性地对巴菲特的“经济护城河”理论进行了系统性阐述，并且配合大量实际选股案例进行分析。

我相信，有了《巴菲特的护城河》，我们就更有可能作出充满智慧的投资决策。我希望你喜欢这本书，当然，更希望你的投资之路一帆风顺！

——乔·曼斯威托

晨星公司创始人、董事会主席兼 CEO

作　　者：〔美〕菲利普·A. 费雪
定　　价：32.00元

股市投资致富之道 投资大师费雪教你怎样炒股

巴菲特师从格雷厄姆和费雪，他成为了世界第一股票富翁；肯尼斯·费雪子承父业，成为了世界第二股票富翁。

本书是老费雪经典名著《怎样选择成长股》的姊妹篇，对于《怎样选择成长股》所提出的很多重要投资理念，本书在深度和广度上均有所突破，可以说是其投资的实践篇或投资的实践指南。

该书试图解决两个问题。首先，投资者应如何确定一家公司是否具有卓尔不凡的管理层，它能否通过有效的管理为投资者创造能实现市值长期高速增长的投资工具；其次，对于这家非同寻常的公司，投资者应怎样掌握股票的最佳购进和抛售时机。

书中生动且经典的案例比比皆是，作者的分析精辟透彻，既不乏专业性又不失趣味性，令人拍案叫绝。费雪对通货膨胀的分析极具前瞻性和预见性，就连弗里德曼也为书中令人难以置信的精辟分析所动容。即使在今天，这些观点和建议也依然不乏生命力，必定会让你叹服。

费雪绝对无愧于“教父级的投资大师”这一称号。

深邃的智慧、前瞻的理论，长达 80 年家族成功投资史的秘诀所在。

作　者：〔美〕史蒂芬·列维特
史蒂芬·都伯纳

定　价：32.00元

唱响经济学领域的"披着羊皮的狼"

揭露隐藏在表象之下的真实世界
彻底改变你看待这个世界的方式

该书2005年4月在美国上市，仅1个月就荣登《纽约时报》畅销书排行榜。

曾连续8周占据《纽约时报》畅销书排行榜第2名位置。

在美国上市2个月后，销售量突破20万册。

被《纽约时报》评为"2005年度100本最有影响力图书"之一。

从2005年4月上市至今一直占据亚马逊畅销书排行榜前列。

该书中文简体版2006年年初上市，引起强烈反响：

被《中国图书商报》评为"2006年十大财经图书之一"；

荣获《财经文摘》"2006年财经图书——独辟蹊径奖"；

荣登《中国证券报》"2006年经管类畅销书排行榜"；

被《新京报》评为"2006年度商书"；

2006年年底，荣获"新浪网友心目中最佳财经图书——独辟蹊径奖"；

当当网2006年经管类图书销售排行榜第2位；

至2007年4月，蔚蓝网经管类图书销售排行榜第1位。

作　者：〔美〕约翰·珀金斯
定　价：35.00元

现实版的《007》其实一直都在上演

揭露世界重大历史事件背后深藏的内幕
揭露全球化经济运作的潜规则和阴暗面

这是一本约翰·珀金斯花了20多年写成的自白书；

这是一本约翰·珀金斯在遭到生命威胁和贿赂利诱下仍旧坚持完成的自白书；

这是一本媲美《华氏911》电影，并让美国政界、商界、金融界震惊的自白书；

这是一本让美国主流媒体刻意回避和保持沉默但仍旧可以达到空前畅销的自白书。

揭露美国全球经济援助背后的真实企图。

经济杀手通过伪造财政报告、操纵选举、贿赂、敲诈、色诱乃至谋杀等手段，拉拢、腐蚀和控制他国的政治与经济精英，从而控制这些国家的经济命脉和自然资源。

帕金斯在书中披露了自己作为经济杀手期间所见证的一切，并且揭开了几起国际重大事件背后的秘密。例如沙特阿拉伯洗钱风波、伊朗国王的垮台，厄瓜多尔和巴拿马总统之死及美国入侵巴拿马和伊拉克等。

短信查询正版图书及中奖办法

A．电话查询

1．揭开防伪标签获取密码，用手机或座机拨打4006608315；

2．听到语音提示后，输入标识物上的20位密码；

3．语言提示：您所购买的产品是中资海派商务管理(深圳)有限公司出品的正版图书。

B．手机短信查询方法(移动收费0.2元/次，联通收费0.3元/次)

1．揭开防伪标签，露出标签下20位密码，输入标识物上的20位密码，确认发送；

2．发送至958879(8)08，得到版权信息。

C．互联网查询方法

1．揭开防伪标签，露出标签下20位密码；

2．登录www.Nb315.com；

3．进入“查询服务”“防伪标查询”；

4．输入20位密码，得到版权信息。

中奖者请将20位密码以及中奖人姓名、身份证号码、电话、收件人地址和邮编E-mail至szmiss@126.c m，或传真至0755—25970309。

一等奖：168.00元人民币 (现金)；
二等奖：图书一册；
三等奖：本公司图书6折优惠邮购资格。
再次谢谢您惠顾本公司产品。本活动解释权归本公司所有。

读者服务信箱

<table>
<tr><td rowspan="8">优惠订购</td><td colspan="2">订阅人</td><td></td><td>部门</td><td></td><td>单位名称</td><td></td></tr>
<tr><td colspan="2">地址</td><td colspan="5"></td></tr>
<tr><td colspan="2">电话</td><td colspan="3"></td><td>传真</td><td></td></tr>
<tr><td colspan="2">电子邮箱</td><td></td><td>公司网址</td><td></td><td>邮编</td><td></td></tr>
<tr><td>订购书目</td><td colspan="6"></td></tr>
<tr><td rowspan="2">付款方式</td><td>邮局汇款</td><td colspan="5">中资海派商务管理(深圳)有限公司
中国深圳银湖路中国脑库A栋四楼　　邮编：518029</td></tr>
<tr><td>银行电汇或转账</td><td colspan="5">户　名：中资海派商务管理(深圳)有限公司
开户行：招行深圳科苑支行
账　号：81 5781 4257 1000 1
交行太平洋卡户名：桂林　　卡号：6014 2836 3110 4770 8</td></tr>
<tr><td>附注</td><td colspan="6">1. 请将订阅单连同汇款单影印件传真或邮寄，以凭办理。
2. 订阅单请用正楷填写清楚，以便以最快方式送达。
3. 咨询热线：0755—25970306　　传　真：0755—25970309
E-mail: szmiss@126.com</td></tr>
</table>

→利用本订购单订购一律享受9折特价优惠。

→团购30本以上8.5折优惠。